甌風

張如元

甌風

Culture of Wenzhou

2017｜第十四期

主编

方韶毅

编委

卢礼阳 金丹霞 沈 迦 方绪晓

文匯出版社

高考的记忆

诸葛忆兵

被约写回忆文章，意味着你已老去。是的，高考恢复至今已经四十年了，那离我远去的岁月！

"文革"结束后，高考恢复，我们是第一届参加考试并被录取者，人称"七七届"。

首先，我们生长在不许读书的荒诞年代，我们几乎是在"半文盲"的状态下走入考场。我的童年、青少年时代，正值祸国殃民的"文革"轰轰烈烈发生、展开并走向疯狂的年月。记得我在温州大街上看到过一张"毒草"榜单，上面列举大量文学名著。后来才知道，中外文学名著，在那疯狂的时代难得幸免，"小说"是"毒草"的同义词。我上小学后，酷爱读书，总是挖空心思借书、读书，但是，必须偷偷摸摸，必须避开家长的监视目光。常用方式如下：打开抽屉，将书放到抽屉上阅读，一有家长动静，立即将抽屉关上，拿着其他玩具装模作样，表示我没在"干坏事"。

比我小两岁的妹妹向父母告状："哥哥又在读书了！"永远令我恐惧。好在父母当时在外地工作，我生活在奶奶身边，大段时光不在如此"革命化"的监管之下，残缺不堪的书籍因此也阅读过一些。然而，"文革"时期要借到可读的书籍太困难了，我比同龄人要多读一些，与现在的青年比较，依然是个"半文盲"。记得"文革"后期，我已经离开了中学，在偶然机会下读到李白的《将进酒》，当场被震撼，居然有这么雄美壮阔的诗歌！中学已经毕业的我，根本没有听说过李白、杜甫等名字，也从来不知道苏轼、欧阳修，我所知道的一些古人名字，都是从"批林批孔"运动中得来的，荒唐吗？在那种扭曲的教育下，我同样干过坏事。我读中学的表姐，借到一本《红日》，藏起来阅读。我发现后，将此"毒草"一页页撕掉，把表姐气得火冒三丈，这也已经是"文革"后期的事情了。我这个劣迹，至今被表姐提起。

"文革"中期以后，惟有鲁迅的书籍和范文澜的《中国通史简编》《中国近代史》等可以公开发行，能够光明正大地阅读。阅读鲁迅书籍，对"半文盲"的我来说太困难了，只能磕磕巴巴地读着，鲁迅因此成为我思想启蒙第一人。范文澜的书我则反复阅读，通读次数至少在十次以上，凡借不到书的时候我就读范文澜的书，由此培养了对历史的喜爱。我从事古典文学研究，喜欢从历史的角度和立场出发；我甚至时而跳出古典文学研究的范畴，进入历史研究的领域，其兴趣是"文革"时期的特殊阅读带来的。

我的中小学教育，获得的知识更是可怜。我记得课文有"印度尼西亚红卫兵写给毛主席的一封信"等，还有"贫农张大爷，身上有块疤。大爷告诉我，这是仇恨疤。当年受剥削，干活地主家……"之类的仇恨教育。哇！我背得如此熟练，至今仍能脱口而出。这样勉勉强强的教育，读到高中第一学期，也被家长终止了。因此父母担心我高中毕业后，被逼向"上山下乡"之变相劳改的生活道路。我当年只有十四岁，便进入一家作坊小工厂，开始了童工生涯。凡此种种，注定了我"半文盲"的身份。与那时我们吃着发霉的毒大米、渴望家养鸡瘟死可以大快朵颐等等之物质匮乏相比，更可怕的是精神世界的极度匮乏。

钱理群先生告诉我们，对待"文革"，我们要"拒绝遗忘"！忘记自己民族的历史，就是对当下的犯罪。在今天部分人群故意忘记历史、"文革"遗风时隐时现的背景下，我们需要所有的角度去呈现那段丑恶荒谬的历史，大声疾呼：历史的进程不许倒退！

以此"半文盲"的状态，能够在高考恢复的第一年就考入温州师范专科学校，实属万幸！我们那一代有着大致类似的经历，因此也有着对知识的极度渴求。每天五点起床，一直到晚自习灯光熄灭，我们都在阅读，阅读，再阅读。这在我们温州师专"七七届"是一种普遍现象。我们班级更有勤奋者如郑陆、王爱明等同学，晚自习灯光熄灭后，仍要在路灯下阅读一段时间。我们背诵着各类文体，背诵余冠英选注的《诗经选》，背诵《离骚》《九歌》《九章》，背诵《郑伯克段于鄢》《烛之武退秦师》《晋楚城濮之战》，背诵《项羽本纪》，唐诗、宋词、元曲之类的背诵更不会以三百首为限，《红楼梦》中的诗词我们也是大量地背诵，甚至背诵刘白羽、杨朔、秦牧的散文，同时阅读着学校图书馆能够借到的一切中外名著。后来有了"恶补"一词，形容我们当时的学习状态，恰如其分。从不许读书年代过来的学生，对学习阅读的渴求也近乎疯狂。

我们虽然仅仅是师专生，却坚定地以"天之骄子"自居，总认为自己将来能够做出一番不同凡响的事业。这样的理想信念，是我们刻苦学习的最大动力，也推动我们同学毕业后在各行各业有所成就。我之所以后来能够坐得住"冷板凳"，得力于年轻时的信念和师专时段的学习训练。刻苦学习、广泛阅读，开阔了同学们的视野，培养了同学们独立思考的能力。

一门课程开设，我们就会去图书馆借阅与此课程相关的所有版本的教科书，对照阅读，疑问多多。老师授课过程中，常常被我们的提问打断。尤其是"文学理论"课程，以"党性""阶级性"等等概念解释文学现象，牵强附会，我们就是不能接受。后来我才发现，当年所谓的"文学理论"学科，就是一门伪学科。这样的独立质疑精神，在我们同学中非常普遍。据说，在当年温州师专中文科老师中流传着"七七中文班"难教之说法，就是我们对传授的知识质疑特别多。现在在大学讲堂上，遇到质疑我的学生，我总是充满了欣喜之情。记得中国人民大学新闻学院的一位学生，毕业后在她的博客写到，她在期末答卷时质疑了我的课堂观点，想不到我给了她高分。

我们同样重视考试成绩，期中、期末考试是对我们平日学习的检验，我们从来不掉以轻心。举两个疯狂的例子。其一，温州人分不清第二声和第三声、卷舌不卷舌、前鼻音和后鼻音，为了现代汉语语音课程考试，我们班多数同学靠背诵《新华字典》得高分。我对《新华字典》的体例烂熟于心，就是那次背诵打下的功底。其二，"中国通史"课程吴思强老师，期末给我们布置了七十三道大的问答题，几乎将上下三千年的历史都包括在内。我们根据各种参考书和课堂笔记，整理成数十万字的答案，一字不漏地背诵。同班杨桦林常常过来与我一起背诵，或他提问我回答，或我提问他回答，我们称之为"对口词"。我记得，整个师专学习阶段，我们全班同学所有的考试成绩，没有低于八十分的，九十分以上是相当寻常的事情。不知此记忆是否有错误，因为我们同学常常相互开玩笑：要考到八十分以下是很难的。正是这种对课程学习的高度重视，使我们毕业后在专业的岗位轻松愉快。

啰嗦我们的学习状况，是为了与当今的学生共勉。"七七届"成为特殊的一代，除了特别的经历之外，更多的是得益于这种有相当独立思考的刻苦学习。

　　一九七六年在中国历史上是翻天覆地的一年，一批老人走了，"文革"结束了，高考恢复了，因此有了特别的"七七届"。

一波三折入温师

卢剑平

一九七七年高考是一段难以忘怀的岁月。一晃，居然四十年了。

高考前

一九七七年七月我从平阳中学毕业。记得毕业离校的那天，天气炎热，当我拿到薄薄的一张高中毕业证书，跨出校门的时候，已是暮色四合，想到从今往后就要步入社会，但前方没有路标，我不知道走向哪里，本来泪点就很低的我，几乎哭了一路。

我的父母都是公职人员，家里有四个兄弟姐妹，哥哥十五岁就当兵去了，大姐高中毕业插队落户已近四年，二姐留城招工。我呢，刚满十六周岁，当兵无望，招工无门，上大学？不是没有想过，物理老师吴立恭吩咐我，不要放弃学习。但只有下乡当知青才有可能被推荐上学。

当我向父母提出下乡插队的想法时，一向积极响应党的号召的父母一致反对，理由是：大姐已经插队几年也没有招工、上学的机会，农民户口连对象都难找；农村本来就人多地少，农民不愿接受知青落户，你年纪还小，就在家学做饭吧。差不多一个月光景，我每天买菜、做饭、刷碗，成效明显。一是学会划火柴、生煤球炉；二是碗橱里的粗碗细盘数量迅速减少；三是我的手不是划伤就是割破……

在经历了一个个不眠之夜后，我决心用实际行动响应毛主席的号召"到农村去，接受贫下中农再教育"，也不知道哪来的勇气，瞒了父母，独自跑到县知青办，办理下乡手续。县知青办是"最多跑一次"的模范单位，一个上午就把手续办得妥妥的。插队落户的地点是腾蛟区腾蛟公社金湾大队，离县城近四十公里，这里的方言是闽南语。插队青年要与贫下中农同吃、同住、同劳动。大队拿了政策规定的零点一五立方米的木材，却无法安排住处，空余的房子不是没有，但那是孵坊，无法住人。好在有亲戚在区公所当副书记，就在区公所的档案室里支了一张竹床板，解决了住的问题。区公所的斜对面就是腾蛟小学，当时刚创办了初中部（戴帽中学），正缺数学老师。平中是当时平阳（包括现在的苍南）最知名的中学，我就顺利地补了缺，当了代课老师。

当恢复高考的消息在广播里播出的时候，我正站在区公所嘎吱作响的破旧木梯上，楼梯上方挂着积满灰尘的木盒式喇叭，我屏住呼吸，生怕漏掉一个字。广播里的声音断断续续，很不清晰，但我还是听明白了：中断了十一年的高考制度终于恢复了；应届毕业生可以报考。我激动雀跃起来，立刻跑下楼，在装衣物的小木箱里翻找书本，事实上除了初一数学课本和一本备课簿，啥书也没有。

这一晚，没有黑夜。

复习备考

我辞去了腾蛟小学的教职，回母校平阳中学报名参加复习班。复习班人数爆满。年龄相差很大，小的十六岁，大的三十多岁。学校按届别编班，再分为理科和文科复习班。我和大姐都报名参加了理科复习班，虽然相差四岁，也成了同学。平中离县城三公里多路，每天晚上去往平中的公路上，人流如织。人人怀揣上大学的理想，但有多少人能考上大学呢？据老师们评估，最有把握考上大学的有"四大才子"徐晓东、杨国忠、蔡力章、蔡元同，他们是七三年冬季毕业的七四届高中生。这一届学生读高中时，恰逢邓小平复出主持国务院工作，狠抓学校的教学质量，"四大才子"就是这届的学生。而七七届是最不被看好的，从小学一年级开始就碰上了"文革"，两派武斗导致全面停课，复课后除了各种政治斗争外，派农宣队、工宣队接管学校，还树立了千古奇谈的"白卷英雄"作为学生的榜样。初中升入高中不是通过考试选拔，而是推荐。上学期间，我班里的同学来来去去，在这个班读过书的同学近八十位。

说是复习，对我来说，多为新知识，如物理复习班的第一课是光学，我从来没有接触过光学，光学的基本概念如折射定律都是在复习班里学到的知识。我的高中物理课本的内容是"三机一泵"（电动机、手扶拖拉机、收音机和抽水泵），学的是电动机发电、拖拉机气缸的运动、晶体管收音机的原理。学校购置了手扶拖拉机，每个同学都学会了开拖拉机、装晶体管收音机，但老师特别告诫过我们，不要随意自装收音机，平阳离台湾近，收听到"敌台"会犯政治错误的。所以复习班采用"文革"前的高中教材，我连课本也没有，全靠学校发的复习资料来做练习。复习资料是各科老师自己用钢板刻写油印的，稍不留神，油墨就被蹭得一片模糊。复习资料纸张不仅质量很差，最糟糕的是深咖啡色的，就是中药铺用来包药的那种，间或还夹杂着草屑稻秆，在低度数的白炽灯下，很难辨识字迹。好在我和大姐都有同样的资料，可以互相比对。我们做习题的纸，多是父母从单位顺回来的旧报纸；每天晚上我与大姐一起到三公里之外的学校学习，在家中同睡一张床，共用一张桌。虽然心中有梦想，但实战阶段还是要拼毅力的，这一点我落后姐姐太多了。每晚八点半喇叭传出《国际歌》的时候，我已经睡意矇眬、哈欠连连了，拉着姐姐要关灯睡觉；早上五点半《东方红》乐曲响起的时候，姐姐起床看书，我常常是赖着不起床，都是姐姐把我从被窝拉起来，督促我背元素表、数学公式。备考期间有件事记忆深刻，由于复习用的讲义纸张太差，姐姐说，买本带塑料壳的笔记本吧，我们把重要的知识点抄到本子上，随身携带，随时复习。在白石街的文具店里，营业员从货柜上随手拿了一本递给我们，打开第一页是一幅宣传画，画的是几个农民与一个挎着背包的知青送别的场面，画面上写着：贫下中农送我上大学。这句话，让我们兴奋了好几天。它真的像一句预言，姐妹俩参加初试、复试都上了高考红榜。

初试复试

初试的正式名称是平阳县一九七七年高校、中技招生文化审核，当时苍南县还没从老平阳县析出，参加初试有一万多名考生，选拔百分之十参加正式高考。我的考点在平中的四号考场，第一场是语文考试。铃声响过，开始答卷，我一摸衣兜，咦，笔呢？早上出门时，衣兜里放了一支换了新笔芯的圆珠笔和两毛钱，钱还在，笔怎么就没了呢？再仔细摸了摸口袋，原来衣兜底部缝接处有个破洞，笔什么时候掉了也不知道。我举手，监考老师听说后，让我赶紧去校门口的小店买，我一路跑得飞快，花了一毛三分钱买了支笔，又跑进教室答卷。若干年后，我担任平阳县招委会主任，高考的保密工作、流程管理十分严格，如果出现这样的事是严重的违规，必须做出相应的罚则了。约莫一个月后，平阳县有一千多名考生参加浙江省高校招生考试。考试前每个考生都要填写一份承诺书，给定的一句话是："一颗红心，两种打算，勇敢地站出来让祖国来挑选！"可以与现在银行理财产品协议上必有的一句话："本人已阅读……完全知晓产品风险，愿意并能够承担风险"相媲美。记得当时老师教我们的考试策略是：不留空白，答不出的就猜。在语文考试时，我猜对了一题，将《齐人攫金》翻成白话文，我不认识"攫"这个字，题目并不要求注音，我通过上下文的联系，猜出了词义；猜错的是成语"高屋建瓴"的"建"的词义解释，这个成语在当年的文章里很常见，但从来没有拆解分析，情急之下就解释为"建筑"。复试的作文题是《路》，我引用鲁迅的"世上本没有路，走的路多了，变成了路"，演绎为科学探索之路，算没有跑题。通过复试的考生名单张榜在县城人民大会堂广场的转角墙上，围观的人很多，县城很小，熟人不少。我和大姐挤在人群里，看到我俩的名字都在红榜上，忍不住拍手雀跃，引来许多羡慕的目光。

录取

上榜并不意味着录取，那年填报志愿，真的就是志愿啊。大姐原来的志向就是当医生，她在大队当赤脚医生，平时就自学了不少医学方面的知识，她填的志愿是浙江医科大学。我呢，没有明确的志向，只有一个强烈的愿望：养活自己！上大学就意味着有稳定的工作和收入。我高中时各门功课学习成绩都不错，语文、历史测试基本是第一。语文周彪老师建议我报文科，物理吴立恭老师让我报考理科，当时流行的口号是：学好数理化，走遍天下都不怕。周边学习成绩好的同学大多报考理科。我也随大流报考了理科。我看到浙江大学有一个专业是地球物理，觉得很高大上，就填了第一志愿。接下来的日子就是盼望邮递员上门送喜讯。

不久，姐姐的录取通知单如期而至，她被浙江医科大学录取，专业是临床医学。那几天来家祝贺的亲朋好友络绎不绝，送来的鸡蛋、面条把饭桌堆得满满的。我的入学通知单却没有盼到，等来的消息是，我没有被任何一所大学录取。从上红榜的欣喜到落选的沮丧，这种巨大的心理落差都可以用来发电了。当时的考分是不公开的，有招生办的工作人员对我说，你的考分比姐姐高。为何落选？至今不得其解。

我躲在二楼的房间里不下楼，姐姐安慰我，说半年后又有机会考试了，别泄气，明年我们也会到杭州念书的。虽然我接受她安慰的话，但眼泪还是不受控制地掉下来。父母亲从来也没指望我考上大学，在他们眼里，我只是两个姐姐的影子。我五岁半跟着二姐读书，没有留级就不错了。二姐是班长，成绩好、能力强，我抄她的作业已是习惯，父母从不制止。高一下学期，为了一个留城安置的指标，强行让二姐停学，改大年龄，成为平阳糖厂的工人。没有了二姐的依傍，我的学习成绩直线上升，我发现自己其实是具备学习能力的，但父母并不了解，所以对我的落选一点不在意，也不来劝慰，这使我越发伤心。

我再次卷起铺盖，到腾蛟区的带溪中心学校代课去了。课余时间，我躲在阴暗潮湿的区公所档案室里，继续复习准备参加一九七八年下半年的高考。大概过了两个月，母亲来电话说，接招办通知，有扩招指标，需重填志愿。有上次落选的经历，这回我已不抱任何幻想，让母亲代填。入学的通知很快就到了，录取学校是浙江师范大学温州分校（一九七八年成立的温州师范专科学校），专业是中文。对这个专业我很不满意，我的物理老师建议我放弃，再参加一九七八年高考。考虑到当时签了承诺书，吴立恭老师陪我到邮局给省教育厅挂了电话，了解一下，录取后不入学，会不会影响下一年的报考，回复是明确的，停考两年。

一九七八年五月，我提着父亲用过的破旧小皮箱和一个放手榴弹的小木箱，走进位于温州九山湖畔的老温师，成为温州师专第一届学生。

一个"布尔什维克"的七七高考

叶正猛

  题目有点调侃——我于一九七六年温州五中高中毕业后，在母校当代课老师，那时我们的月工资是二十八元五角，温州话读成二十八个半，所以代课老师之间互相戏称"二十八个半布尔什维克"。据后来有人统计，恢复高考考上大学的两个阵容最大，除了知青，就是代课老师，"文革"及"文革"后中小学新进学校的除了父母退休"顶替"的，都是代课老师，能当代课老师的总归还算知识好点的。十八九岁有了一份高雅的工作，加上我的性情十分符合当老师，自觉学习、认真教书、热爱学生，兼做学校团委的工作，那时日子过得非常惬意的，憧憬着"忠诚于党的教育事业"。回想起来，确实没有像现在有些回忆文章所写的那样在期待恢复高考。照十年"文革"后当时的"定势思维"，还真不知道大学是用来"考"的，或许在正式恢复高考之前，我们这年龄段的压根儿就没有听过"高考"这个词，可怜吧？

一九七七年的这场高考确实非常特殊，可以说是古今中外的唯一。首先，这场考试时间"大约在冬季"。印象在七七年的九月底，学校教务处的老师悄悄地告诉我们这些"布尔什维克"，可能要恢复高考，与其说十分兴奋，倒不如说是一头雾水。十月下旬的样子正式公布，浙江是分两次考试，先是"初试"，老师说这不是选优，而是"粗筛"，因为十年积淀，也没有学历资格要求，参加的高考的人非常多。考了语言、数学两门，初试算"轻松"过关。接下来迎接正式考试。说是复习，其实也就一个多月时间。可以说，七七高考是一次不用怎么复习的高考，这也是又一个"唯一"不？主要凭原来有多少能耐，再加上一点"运气"。

说来可怜，我从一九六六年小学入学到一九七六年高中毕业，中小学十年满满当当与文化大革命十年吻了合。好在家教很严，没有盲从当局宣传的"张铁生白卷英雄""黄帅反潮流小将"的一套，还是没有完全荒废学业。特别是中学时代遇上几个年长点的文学青年，小范围读书交流不亦乐乎。中学时因为一直是学生干部，图书馆老师对我特别关照，可以进书库挑书。当时允许看的文学书大多借来看了，直到有一天发现图书馆最里面一个小门进去是堆着"文革"认定的"禁书"，我就找了古典文学类的书，居然图书馆老师也悄悄地给我开了后门，直到当了代课老师一直在享受着这待遇（多年后，我参加工作了，母校一个老师得知图书馆要处理掉一批旧书，他很有心地去捡便宜，买了一堆古典文学书送了我，"老朋友"重遇分外亲切，好不感动）。所以，到高考复习时，我是属于课程学到不多，课外书看了不少的一类。

当代课老师，在当时高考复习有些便利，但也有不少尴尬。学校给应届毕业生办了复习班，我们代课老师就去蹭课，不，应该叫"蹭复"。问题是拿了"二十八个半"，课程是很重的，并且复习班上课都是我们的上班时间，那时也没有因为伟大的"恢复高考"给我们放点假。这不奇怪，粉碎"四人帮"后学校开始抓教学质量，代课老师理所当然要比别人更加努力教好书。有意思的是，我们堂堂的"布尔什维克"与学生一起参加高考复习还要与校长（那时还叫革委会主任）玩起捉迷藏，我们"蹭复"都选择坐在最后面角落，然后"校长"来了要抓"现行"，会有谁轻轻喊一声"×主任来了！"我们的头使劲地往下钻，怪不好意思的，好在×主任也就进去叫一声都去上班之类的话也就走开，如此三番五次，也没见主任真的为难了谁。——三十年后，一次我在飞机上看《高考一九七七》电影，看到那班知青赴城高考赶不上火车的关节眼上，原来反对他们考试的农场长赶着马车出现，把他们送到县城，我的眼泪唏哩哗啦地下来了。感触是因为内心的共鸣！

代课老师的便利还有，复习遇到问题随时可以找老教师指导，老师们真的很好，总是给我们热心地答疑解惑。当然，只有一个多月的时间，问题是"问题"太多，时间太少，复习这个"枣"更多是囫囵吞下。

令我印象深刻的是，我一个代课老师，因为兼了学校团委工作有值班的任务，学校居然给我一个四五个平方的楼梯间，这个"蜗居"可真是一个太美妙的学习场所，如果没有这个蜗居真不知这"习"还怎么"复"，因为家里是蜗居加杂居，根本无法看书学习。靠这四五平方日夜兼程，这是我的高考的时代印记。记得一次，几个女"布尔什维克"一路议论着靠近我的"蜗居"，我生怕她们"打搅"我的时间，把门赶紧悄悄地锁上，可是她们还是听到门锁哐当一声，"知趣"走了，真是对不住啊！于是自己轻轻地来一句流行的样板戏《海港》京剧念白："时－间－真－紧－迫－"，为自己解嘲。说起来真是艰辛，那时每月二十八元五角，给家里贡献五元，那两个月就狠狠心，五块钱都买肉吃了，增加营养补补脑子。后来住过不少房子包括豪宅，唯有这间蜗居对我的人生意义最大，给我的记忆最温馨，如同朱元璋当皇帝后吃过多少山珍海味，但他印象最深的是穷苦时村媪一块豆腐和一小撮菠菜烧的"珍珠翡翠白玉汤"。

因为喜欢文学就报考了中文，因为热爱教书后面志愿一撸到底全填了师范。我的考场在温二中，海坦山麓，考试那两天我抄近路，越过山路，一个跳跃翻过操场缺口的围墙，进了考场。我是说那时高考也简单，没有家长接送，没有如临大敌，依然秩序井然。

考试结束当天晚上，市教育局在温州人民大会堂召开考生大会，进行思想动员，主题是"接受党的挑选""一颗红心两种准备"，我被定为历届考生代表表态发言，或许因为是我当代课老师表现还算比较突出吧。后来，上学后温州同学都说，那天晚上上去一个代表发言，他们在下面就议论"又占一个录取名额了"，他们理解选中发言的都会笃定录取，果真这样倒好了，恰恰我的录取经历还特纠结。

考试大约十天半个月之后放榜，学校大门口贴了两张红纸，一张是应届的，一张是在职的，我的名字赫然在上，而且代课老师只有两个名字。那一刻是"天上掉下来林妹妹"感觉——"是从古到今天上人间，第一件称心满意的事"。但这时还叫参加政审、体检名单。这是七七高考在"文革"之后的又一个"唯一"，还需要严格的政审，准确说是查三代。七八年开始，因为邓小平同志发话了就没有了。高兴之余，我又开始内心隐隐发虚，因为老爸"现行反革命"刚刚出狱，还没有"平反"。我母亲在我发榜之后那些天，一早就在老爸单位领导上班的路上等，后来碰到领导了，要求领导在我政审上"高抬贵手"，领导的态度还不错。之后，我的那些熟悉的高考朋友陆续接到录取通知，而我迟迟没有消息，心里真是十五个吊桶七上八下，人是坐立不安。直到一个月之后，校方也去打听，传来消息，按我们的情况已经表态服从分配，还有机会。果真，同校的我们两个代课老师属于同一种情况，内部已经准备录取，只是要录取的学校"温州师专"在等待正式批文。后来正式录取了，入学比别人又晚了许多。可以这样说，当我基本"录取"的时候，我的大学还没批下来。真是好事多磨呀。当我准备写这篇文章的时候，刚好碰到中国著名社会学教授李小云，说起来他也是七七级，他告诉我，当年因他父亲的"问题"，他重点学校没有录取，不得已去了非重点。我说天下竟有这等事？既然有"问题"，既然都是大学，非重点又可以上，什么逻辑。七七高考还有一个特殊之处，高考分数列为国家机密是不能查的，如今四十年也不"解密"，当事人应该至死也不会知道了。所以，我当时的正确心态是，别无端抬举自己、"冤枉"了父亲他老人家。

我一直自嘲自己考了全中国最低级别的大学。但不断有人说，七七年凡是能考上大学的都是一条好汉，如此说来好像稍稍有了些面子。确实，我初一进温五中时，是十个班级，受"读书无用论"影响，到高一时只有四个班级，高二毕业就剩两个班了，除了转到其他学校不得而知，两个班级只有我一人当年考入大学。全校二十来个代课老师当年也只有两人录取。真可算是时代的宠儿，所以我十分珍惜！

七七高考从录取到正式入学已经跨入第二个年头，所谓"七七级"实际上是七八年上半年入学的，比七八级多读半年书，这也是空前绝后的。从七七年到七八年，中国大地掀起了全新的学文化学科学的高潮，三件事使莘莘学子受到激励，一片亢奋。一是宣传周总理年轻时"为中华之崛起而读书"宏伟志向；二是全国科学大会郭沫若的致辞《科学的春天》催人奋进；三是徐迟先生发表报告文学《哥德巴赫猜想》，树立了陈景润感人形象。全国青年学习精神状态达到一个很高的境界。我至今保存学校教工团支部我送上大学的《鲁迅书信集》上下册，扉页上分别题写"学习鲁迅革命精神，为实现社会主义四个现代化而贡献力量"、"苦战能过关"（取自叶剑英的诗："攻城不怕坚，攻书莫畏难。科学有险阻，苦战能过关。"），体现着一个时代的浓郁特征。

四十年过去了，人生经历了治学、从政、经商的不同体验，如今即将进入耳顺之年，主要从事慈善事业，有了七七高考这碗酒垫底，之后人生什么样的酒都还能对付。感谢一九七七，这个特殊而伟大的年份！

我的高考路

张汝潮

一九七七年，中断了十一年的高考重新恢复，那一年语文考试的作文题是《路》。我是一位古稀老人，四十年来每当我陪伴儿女、孙女去参加高考、中考时，一九七七年我的那艰难又曲折的高考路就一幕幕浮现在眼前——

苦苦等待的十年

我是一九六七届温州中学高中毕业生，要不是一九六六那场文化大革命，一九六七年我就参加高考了，但残酷的现实是我们高二时高考中断了。我至今还记得一九六六年六月的一天，淫雨霏霏，早上第二节课后一出教室门，只见一大群高三同学从三楼楼梯上冲下来，个个兴高采烈，高喊"解放了"！其中我认识的一位高三同学欣喜若狂地告诉我：老师说，

一九七八年大学入学前全家合影

早上听到广播，说今年高考推迟了，以后不再考试了！我不明白他们怎么会如此高兴，我与边上的同班同学却一脸茫然。谁会想到高考这一推迟就是整整十一年，这十一年是我们人生最美好的青春时光啊！

从此我大学梦碎，前路茫茫。一九六七年浑浑噩噩中算是高中毕业了，但至今我们都没有领到高中毕业证书。因我是独子，无须支边或下乡插队。从一九六七年至一九七七年这十年间，我在建筑工地打过临工，初中代过课，一九七〇年进父亲所在的市橡胶二厂当了学徒工。面对年复一年沉重的体力劳动，青春年少的我常常问自己，难道这就是我的一辈子？有时我梦里都梦到自己上了大学。那时上大学是单位推荐的。我是厂里为数极少的高中毕业生，学历最高。一次市二轻局好不容易给我们这个小厂里拨了一个工农兵大学生推荐名额。怀揣多年的梦想，我兴高采烈地报了名，结果厂里推荐了一位退伍军人，说他比我根正苗壮，可惜后来他连最简单的文化课考试都没通过就被刷了下来。这一挫折并没有击垮我心中的梦想。十年来，我始终没有放弃对知识的渴望与追求。学徒工每月只有十五元工资，出于经济上的拮据，我就地取材：厂里订的《参考消息》，我几乎是唯一的读者，每期四个版面上上下下，全都"吃干榨尽"；由于离我家近，公园路温州日报社门口的阅报栏、府学巷口工人文化宫二楼的阅览室、五马街口新华书店我是每天有空必去；我至今还保留厂里发的《毛选》四卷，因为我对文章后面编者加的一大堆注释特别感兴趣，它增加了我不少的人文知识。

由于体力劳动实在枯燥乏味，也为了能有朝一日出人头地，我开始尝试写点东西。还真不错，一九七一年，我写的一篇小说《我的徒弟》，整版登在了当年十月五日的《浙南大众》上，我也算是个小小的文学青年了吧！

十年中我人生最快活的是"洞房花烛夜"。一九七二年我结婚了，对象是同为老三届的温州中学同班同学。一九七三年生了儿子，一九七五年

《浙南大众》一九七一年十月五日发表《我的徒弟》

添了个女儿。有了家，有了子女，一辈子看来就这么过吧！

记得一九七七年的夏天分外炎热烦闷。邓小平正式复出工作后，提出恢复高考的讯息开始悄悄地口耳相传，像一丝丝凉风，唤醒我尘封已久的"大学梦"，我和妻甚至相互埋怨怎么这么快就生了孩子。虽然半信半疑，但我们心中却仍然充满了渴望。十月二十一日那天，我一大早像往常一样先去公园路报社门口的阅报栏看报纸，这里当天的报纸往往很早就会挂出来。一条有关高等学校招生改革的消息映入眼帘。啊！中断了十一年的高考真要恢复了？我揉了揉眼睛，是的没看错。我一溜烟跑回家，要把这好消息告诉我妻。我妻立马去县城隍菜场买了条活蹦乱跳大鲤鱼。欣喜过后，夫妻俩很快又忐忑不安，快三十了，上有老下有小，能让考吗？第二天，我在鼓楼下的市教育局得到证实：高考招生意见中特别规定，注意招收六六、六七届高中毕业生，年龄可放宽到三十岁，婚否不限，工龄满七年的可以带工资读书。我们心中的石头终于落地了，当时的心情真可谓是"九万里风鹏正举，风休住，蓬舟吹取三山去"。

永远难忘十月二十二日那天夜里，夫妻俩躺在床上彻夜未眠。欣喜过后，家中的现实像盆冷水浇向我们刚刚点燃起希望的火苗。我的两个孩子，一个才四岁一个两岁，他们正需要父母的呵护；七十多岁的老父亲癌症手术后落得个终身必须喝稀饭，日常生活还需要别人帮一把，因此夫妻俩都去考试不现实，那谁去呢？妻却异常淡定。她说，阿潮，你去吧，你文科好，把高三数学恶补一下，有希望，你能上大学，我知足了，俩孩子，我来带！当时她不曾料想到这个表态将要使她度过整整四年极其艰辛的日子。

异常艰难的五十五天

没有高中毕业证书，我去温州中学开了证明报了名。当时高考分文理两科，考试的科目分别是政治、语文、数学、史地和政治、语文、数学、理化。其中政治、语文、数学文理两科的卷子是一样的，我报的是文科。这时距离高考只有五十五天了，怎么复习呢？我与妻商量，政治、语文和史地这三门考试我不怕，因为平时就有较好的功底，再加上用来复习的时间也不多了，那就赌上一把，放弃复习了，后来的考试也证明的确如此。比如语文作文"路"，我几乎一气呵成，最后以鲁迅先生"世上本无路，走的人多了便成了路"结束。考试中考了成语"高屋建瓴"中"建"的解释，许多考生只能望洋兴叹，而我能正确解释为"倾倒"；史地考试中"黑水党"的名词解释和最后一大题美国地图的填写虽然较难，但我的回答基本无误。因此，只有数学才是决定我这次高考成败的滑铁卢之战。

六七届高中生高二下半年就停课了，还有近一半的高中数学课程没有教过，学过的也几乎忘光了，怎么办呢？只能华山一条路，拼老命拿下数学。妻为我买来了高中三个年级的全部数学教材，谁也没有想到，后来这五十五天的数学复习，对我来说就像在炼狱中煎熬和磨砺。

怕考不上大学遭人讥笑，我没有向厂里请过一天假，照样三班倒上班。在咱们橡胶厂，人工操作硫化压力机是个花大力气的活，光粮票每人每月就三十四斤，全厂最高。小伙子三人一组，负责一台压机。车间里常年高温，人人赤膊上阵，好在每次五分钟左右的硫化时间大家可以喘口气。这不是天赐良机吗！因为留给我数学复习的时间真的不多了。我就把数学书带到车间，顾不得气喘吁吁，满头大汗，硬是利用这五分钟左右的间隙，做一二道练习题。工友们很好奇，我只得实话实说，这样有时他们也伸出援手，帮我一把开启压机。一个月下来，我居然把两个年级数学教科书课后的题目全部做了一遍。

最难啃的是三年级的数学，我压根儿就没有学过，当时也没有高复班，只得硬着头皮自学。我常常上半夜在厂里上班，下半夜回家复习，累了就裹着棉衣趴在桌上打个盹。如是轮到白天上班，晚上在家要等孩子们熟睡后，才开始复习，一直到深夜。这时睡在楼下的老爸看我如此玩命地复习，气不过常常拿起门栓使劲捅楼板几下，又是警告又是恳求：阿潮，该歇了该歇了，明天还要上班，你还要不要命啊。有时一道三角函数或解析几何题实在不会做，又能向谁请教呢？我常常绝望地双手使劲抓起一大把头发，将头疯狂地往桌上撞；有时为了做深做透一道题，就一两小时枯坐在那里，有时甚至通宵达旦，就这样我坐的一条极其粗糙的板凳近两个月下来被磨得乌黑贼亮。

我眼里满是血丝，人一天天消瘦下来，"衣带渐宽终不悔，为伊消得人憔悴"是我当时真实的写照。后来体检时我一米七三的身高体重仅有一百零七斤。妻在一旁暗暗流泪，父亲也不停地抱怨。当时还真不知道这样玩命的复习会给自己以后的体检埋下祸根。我也想过放弃，但一看到妻心痛时眼角的泪水，孩子们熟睡时脸上的微笑，熬夜到黎明时窗外的曙光，我咬咬牙，坚持了下来。

当时由于报考人数多，分为地方初试和全省统一复试，初试只考语文和数学。十一月二十九日上午的初试，我顺利通过了。初试时还碰到不少温三中我当年代过课的学生，他们十分惊讶，问老师你怎么也来考试。

终于迎来考试的日子：一九七七年十二月十五日。为了犒劳我，也寓意考一百分，头天晚上，妻破例煮了两个鸡蛋，准备明早给赴考的我吃。不料，当晚发现鸡蛋不见了，原来被孩子们偷吃了。我宽慰妻，鸡蛋不是零蛋吗？孩子们吃了，说明我数学不会考零分。说也凑巧，考数学那天清早，我临时抱佛脚，拿出高三数学书，把难背的数学公式再背一遍，其中就有"点到球面距离"的计算公式。没想到，数学考试时，试卷上一道十五分的大题目，竟然就是要用这个公式来计算的。后来才知道我的数学考了五十六分，而当年浙江大学数学录取线为五十分。也许正是这十五分

学校一九七七年录取新生名册上作者照片

一九七七年十二月十五日日历

改变了我人生的轨迹，这也算是对我五十五天炼狱般煎熬的回报吧！

十二月十六日下午，天格外冷，当我考试结束后走出温二中考场时，只见羸弱的妻子怀里抱着小的、手里牵着大的，站在校门口铁拉门外翘首等候，寒风中，孩子们冻得有点瑟瑟发抖。我一把抱起儿子，在他的耳边悄悄地说，爸一定会考上的！往后也许妻子拖儿带女接高考丈夫这一幕不会再有了，但它永远定格在我的心里，一辈子也忘不了。

山穷水尽柳暗花明

考试结束后，我一连几天发高烧，但心里一直惦记着发榜的日子。我隔三差五抱着女儿去离家不远的鼓楼下招生办打探消息。大概是一九七八年一月初，在招生办橱窗栏里，我看到了温州市（当时温州地市还没有合并）上线考生的名单，我仔细找了四五遍，哪有我的名字啊。天哪！我落榜了。我呆呆地站在那儿许久，明明是大白天，而我的感觉是四周一片漆黑。这时女儿嚎啕大哭，我才抱起她，跟跄跄跄走回家。一到家，丢下女儿，我直冲阁楼，一把撕掉了原先打算珍藏的准考证，并把所有的复习资料统统扯得粉碎丢进家门口的垃圾桶。妻子也黯然神伤，只有老父亲如释重负，反而松了一口气。老人家价值观不同，独生儿子有了工作，且娶妻生子，他也抱上了孙子孙女，尽管老伴早逝，但这辈子也算功德圆满了，期盼的就是老小平安，所以乍一听儿子要去上大学，本就不赞成，现在可好了！几天过后，我的心情才稍稍平静下来，人总要活着，生活似乎又恢复到了原有的模样，但艰难的备考导致严重的睡眠不足再加上落榜的沉重打击，使得我身心俱疲憔悴不堪。

人生就是悲喜剧。过了大约一星期，我抱着女儿闲逛至五马街口，在五味和商店旁专贴告示的墙上，贴着一张大大的市招办高考招生补充录取通知。我上去不经意瞟了一眼，上面赫然写着我的名字：文科张汝潮。写在一起的还有后来被北大中文系录取的六六届校友陈植锷，其余五位是理科，有六六届的校友杨立础、李芸芸等。后来才知道的背景是当年原先规定老三届考生必须高出一般考生许多分才能录取，因此无一人上线。后来有关方面认为不合理，于是便在成绩优秀的老三届考生中补充录取若干名，而我是温州中学一九七七年高考唯一录取的六七届学生。真是悲喜两重天！我和妻沉浸在无比喜悦中，而在一旁的老爸先是愣了一下，很快就愁云满面，他知道唯一的儿子真的就要离开他四年乃至更长的时间了。

市招办专门为我们安排了体检。带我们几个人去蛟翔巷老市委党校体检的是市招办的郑品珍，他是我们温州中学原来的老师。那天天气格外寒冷，我感觉头有点晕。内科检查时，平时基本不生病的我居然"血压偏高"。为我测量血压的是一位中年大夫，征得郑老师同意，大夫让我留下稍作休息后再测。结果几次测下来血压仍旧偏高，这时我真的绝望了！我拼命地向大夫解释我根本不会有高血压，那是玩命的复习造成的，过几天就会恢复正常。我苦苦哀求他，我们三十岁了有上大学的机会不容易，我保证没病，求求您让我过了吧！这时门外的郑老师在不断地催促，因为还有下面的体检项目等着呢。我绝望地瞅着大夫在我的体检表上记下了体检结果，在他把体检表交给门外的郑老师后，突然转身在我耳边悄悄地说，没问题，你的血压正常。一个多月后，录取大学对我们新生的身体复检证明了这位大夫的诊断是正确的。我要一辈子感谢这位既忠于职守又极富同情心的大夫，是他挽救了我，不然我的高考路就会在此戛然而止。

体检完了很快就填写志愿。考生是不知道自己的高考分数。当时全国招收文科的院校极少，妻说就选择杭州大学历史系，因为杭州离家近，历史系属冷门考上的概率高。一月下旬的一天上午，我正站在厂传达室不远的车间门口，只听到邮递员高喊，张汝潮中状元了！这真的是"众里寻他千百度，蓦然回首，那人却在灯火阑珊处"。我终于收到了迟到整整十年的那份高考录取通知书，它是那么的沉甸甸，因为它是我倾尽心血的结晶！那时我真的哭了。

三月初新生入学。在杭大历史系七七级七十名同学中，我比年龄最小的长十二岁。我有幸跟后来的房地产大亨杭州绿城的宋卫平、金融家温州人周庆治、茅盾文学奖获得者王旭峰等成为同学。我真的很幸运，因为我既是老三届又是七七级，身兼两者，这真是历史的巧遇。据统计，一九七七年全国参加高考的不包括参加初试的考生共计五百七十多万人，录取二十七万人，录取率不到百分之五，竞争是如此的惨烈。

我的高考路历经艰难和曲折。是高考让我的人生之路又开启了新的历程，可以说是高考改变了我和家庭的命运，我从一个学徒工成为了大学教授。四十年的高考路，我们家两代人走过，我的高考故事在孩子们心里已内化成一种精神和动力，那就是锲而不舍，永不放弃。现在我的孩子们都博士毕业，他们也成了教授、副教授和博导，孩子们常常跟我开玩笑，说老爸你才是我们人生真正意义上的"博导"！

三考浙美

金 松

今天，年轻人考研考博已不足为奇，考本科更成普遍。可在上世纪"文革"后高考恢复初期，"高考"却成为那个时代全社会进取青年奋斗的目标和"公共记忆"。

想起我的高考，那一波三折的经历让我心中总不免有些痛。

这种痛似乎来自一种深层的自我认同和必须告白的感恩情怀，因为与此相关的那些帮助过我的人，有的已仙逝，有的已处于晚境，而我也将至花甲。岁月无情，"为了忘却的纪念"，故我今撰此文亦略有"后之视今，亦犹今之视昔，悲夫"之感慨矣。

一

一九七一年我小学五年级参加了市少年宫美术班学画。因吴思雷老师的鼓励和厚爱，引起父母对我学画的重视，并支持我随王毅、叶沐适、孟庆江、赵瑞椿、林剑丹、李振淼等老师学习国画山水、人物、素描、书法及语文。一九七五年我去瞿溪轻工电器厂做金工兼政宣，同时又随吴永良老师学习现代水墨人物画及速写，画技进步神速。

一九七七年高考恢复，我报考了浙江美术学院，不久即收到准考证。当时来温州大士门温师校区招生的是潘长臻先生，具体的考试已印象不深，但还记得命题创作画题为《接受再教育》。根据题意我没有直接正面地画出知识青年上山下乡接受贫下中农再教育的劳动场景，而是通过两个弟妹好奇地伏在桌边看哥哥从农村带回的大玉米及瓶中的种子、农用标尺等，姐姐手量玉米，弟弟戴上哥哥的东北皮帽，桌边还有哥哥的大衣和行李。这个画面间接地表现了接受再教育所取得的成果，从而巧妙地反映了命题的主题。考试结束后监考老师示意很是欣赏（至一九八〇年我考入浙美后，据说这幅创作还给多位老师留有印象）。

大约一个月后的一天，我在瞿溪厂里上班，行政人员李姐到车间叫我到楼上厂长办公室去一下。我上去之后，只见办公室尽头有两位剪柯湘头的中年妇女坐在那儿。李姐与我说了些其他事又让我下去了。之后我才知道那两位是浙江美术学院专程来温对我进行调查政审的。她们先是去我父亲单位——温州无线电七厂。当时我父亲属于所谓的"四人帮体系"，正被囚禁在单位楼梯下已好几个月了，之前我们还怕他自杀，我母亲让我写字条卷夹在饭菜中带进去期望鼓励他，我也不知如何写才好，就写了"你是金石（父亲名）我是金松，松树需要坚强的基石……"。政审老师见我父亲这般境遇就知我没戏了，但她们还是去了我母亲单位，拉着我母亲的手说没办法这是中央的政策，并说已经去乡下厂里看到我了，一脸聪明诚实的样子，很是可惜。

这时期单位行政李姐租住在厂隔壁，附近住户在傍晚时常能听到她唱

《洪湖赤卫队》系列歌曲，李姐还弹琵琶和练书法。其室友曹姑娘是我父亲同一派系"战友"的女儿，因此在那种政治形势下，我的内心亦有点相怜之感。后来中央出台高考免政审政策，李姐带着曹姑娘来鼓励我，问复考有何困难，我直言文化基础差。于是李姐愿意帮我补习，曹姑娘愿做陪读。补习的课程为高中古文选读注解并做定期背诵检查，约每周两晚上。我的室友在我们上课时也只好避开。这样我们三人就在一张木板桌上——一头架在窗台，一头支撑着两根粗木——挑灯夜读。那情景在蛙声四起的乡间，月光如泻的夜晚，该是一幅多么动人的画面啊！

李姐讲课语速很快，语言生动，她个子较高，戴副眼镜，属于气质型女性。曹姑娘则相对柔弱些，但也不乏幽默风趣。因此我的诸多古文的背诵常常是在"老师"纠正"同学"调侃的过程中加深印象的，至今我还能大致背得出《木兰诗》《为学》《陋室铭》《岳阳楼记》《石钟山记》等全文。在这样的学习氛围中，不知不觉我产生了某种学习之外的感觉……后来，三人在我的寝室相谈甚欢，我画了幅曹姑娘的水墨肖像写生，虽然画老相了些，但含情脉脉的眼神倒有几分传神。此画题款为：为**同志画像一九七八年一月九日之夜金松于瞿溪。

一次去瞿溪的车上正巧遇上曹姑娘，她到站下车后帮我提着画具，两人一前一后走回我的租房农舍楼下。她转身问："你怎么这么多东西带回去？"我说："我以为不来了。"她问："你怎么不来了呢？"还没等我解释她就一低头一个箭步走了，我被她这突然的反应给愣住了，此时只见楼梯底下几只母鸡似乎明白了什么似的，在呱呱作响……

二

一九七八年我第二次报考浙美，报考习作寄出后不久就收到了准考证，于是我请假回温州，重点复习文化课并做应试限时的专业训练，还常常去九山湖体校画女排训练的速写，久了那个很凶狠的男教练也认识我了。

当时我一个人住在信河街古炉巷五十九号，开始觉得复习文化课很充实，可时间久了，独自一人便想起乡下上班的曹姑娘来。随着复习时间的增长，这种想念的感觉变得越发强烈……

该年浙美的浙江考点设在本院，我去杭州住在小营巷我母亲一闺蜜家，从她家借自行车去浙美考试。考素描是在学院的大礼堂，考生进场根据自己准考证号码找到相应的位置，规定不能再任意移动画架以免试场混乱，可我找到自己的画架位置后发现模特儿是全侧面逆光的角度，非常难画，开始我有点心凉，这反而让我画得很大胆，我先强调了逆光的大感觉，然后再慢慢深入刻划，当时约一小后就有老师过来看我的画，并在笔记本上记下我的准考证号码，接着又有好几位老师过来看我的画。

静态速写考画看报纸，动态速写考画打乒乓球。这些是我的强项，自然也就考得很轻松。

文化课考试我过于紧张，不知怎的考试期间我突然流出鼻血，医务人员拿了棉签给我止血，并让我仰着头坐一会儿。这期间莫名其妙的我没在考虑答卷，而是脑海里出现了曹姑娘的形象……最后这张考卷到底如何作答又是如何上交的，我都记不清了，只记得自己很懊恼地走出考场。

后来我回瞿溪上班，李姐和曹姑娘问我考得如何？我只是说考砸了，也不说个中原由……

三

一九七九年浙美停招，一九八〇年我同时报考了浙江美术学院、中央工艺美院和南京艺术学院，并收到三张准考证。因为考试时间相同，所以必须选其一。当时思雷师特地陪我去解北邮电局给他南艺同学打了长途电话，对方说浙江仅发六张准考证，估计成绩不错，只要考试发挥正常定能录取。但我还是想考国画最强的浙江美院。

我父亲担心浙美向全国招国画人物专业仅八名实在太难考，于是在家烧了一桌菜请思雷师来家给拿个主意。吴老师谈笑风生餐后起身正要告辞时，我父亲毕恭毕敬地问："吴老师，金松这三个准考证您看考哪所学校是好？"吴老师哈哈大笑说："这个嘛您问金松……"吴老师真是通达智慧之人，尊重我本人的意愿。后来他还特意给我一本小笔记本，说："这个你可能会用得上，拿去看看吧。"我一看是他考南艺中国美术史论专业研究生时复习所作的《读美术史心得》，里面密密麻麻写了他关于中外美术史学习的心得，中国部分尤较详细，如"传神论""六法论""南北宗""敦煌壁画的若干问题""中国画的特色"等等。

此时我已进温州瓯塑厂工作一年多，先在设计室工作，后因种种原因下到车间当壁画工，当时我心理压力较大，若再考不上就一直当壁画工吗？而手头收到的三张准考证，若保险一点是考南艺，可我想明白了二考浙美失败的主要原因是考试时分心走神，这使我想起一则老和尚与小和尚有关女人的对话，小和尚问："女人是什么？"老和尚答："女人是老虎。"小和尚说："我喜欢老虎！"于是我明白了这个"老虎"原来不是指女人，而是指我们内心逐渐失去自制力的那个自己。结果我还是决定第三次考浙美，但内心得先请走这只"老虎"。于是我在自己独居的卧室作了一次严肃的内心告别仪式，之后果然生效。

一九八〇年浙美浙南考点设在温州师专大士门校区行政楼会议室。专业考试的模特儿很漂亮，是五马街第一百货公司的营业员，监考老师说是她俩在大街上发现后，尾随至小弄里与其商量才同意来的。记得国画写生是六小时（中间提供午餐），试卷为熟宣一张、生宣三张任意选画，我选了生宣画写意。那时候市场上还没有书画墨汁，我父亲就在考场外窗台上快速地磨墨。我前两幅画好后贴在墙上，给自己参考争取第三幅取长补短时，边上的好几位考生索性不看模特儿而是照着我的画画起来。监考老师见状一个箭步过去，取下了我的画。

命题创作考试题目及我如何画已无印象，但我还记得三个小时的考试时间，我作一小时的构思立意并画出五六幅小草图，然后再选其一综合其他优点，画成整稿试卷。当时大部分考生半小时就画试卷了，监考老师也来我边上看过几次示意抓紧时间，其实这种时间分布我曾在家多次演习，两个小时画正稿试卷时间足够。这也说明我当时对命题创作"构思立意"的重视程度及评分比重的较深理解。

文化课考试是一张综合性的考卷，其中含中外美术史、艺术概论及古文翻译虚词注解等常识。作文是看图写读后感，是一幅很小的漫画式白描，画面中有两排中学生，中间坐一位老师的集体照，题为《毕业留念》。我一眼就看出此图的问题所在，于是紧扣主题并结合当时的社会现象进行论述和批评。可考试结束后，几乎没有一位考生发现此图所要提供的文章切入点，他们都说自己是写中学毕业时与老师合影留念的情景，写如何感恩老师等等，我一听忍不住哈哈大笑便问："你们都没看见图中有好多位学生戴眼镜吗？"他们都说没在意，甚至还有考生与我争辩起来，说学生本身就应该是戴眼镜的样子，我说少数可以，多数就成问题了。我写的文章大意是据此图描绘并结合当时社会诸多书呆子现象加以抨击，提出了我们的教育不应该只培养死读书类似陈景润式的专家，而是要培养德智体全面发展，争做又红又专，能为四个现代化奉献青春的时代新人。监考老师听后笑笑说只有我写的是切题的。

政治考试对我而言是一个难题，事先我也参加市里的复习班学习。我的邻居孙笑侠和王红从各自的学校给我带来资料，因此复习的题目也较全，我父亲就充当家庭辅导。记得考试前一个晚上，他手执考题抽查提问我，而我均能一一背诵作答。这个晚上他居然通宵没睡，至凌晨四点半就烧好了早餐后叫醒我。我当时实在睁不开眼就说让我再睡一会儿吧，他说不行必须起来了，我母亲说让他再睡一会儿吧，于是他用热毛巾擦我的脸，早餐后他继续抽查我那些未记很实的题目，那时我的记忆力及背书功夫实在不错。

不久浙江美术学院录取通知书寄到家，我父亲第一时间跑到我母亲单位，我母亲说老远看见你爸表情就知道你已经考取了。

在那个政治派系余波未消的时代，很多家长的心灵实际上已被扭曲了，尤其是属于所谓"四人帮体系"的一派，他们唯一的心愿就是寄希望于子女能考上名牌大学，这倒不是他们渴望子女将来如何，而是他们自己可在周边的环境中过得不致太压抑……这是一个多么可怜而畸形的时代！

二〇〇九年十一月十日我父亲仙逝后，我去整理遗物时，竟然发现在其抽屉的一本书中，整齐地夹着我考浙江美院的三张粉红色的准考证，我不禁泪流满面……

现在的高考生可能很难体会和理解，上世纪我们这代人当时一边打工一边高复的情景。时代不同了，以上所述就权作老黄历来看看吧。

最后感激所有老师对我的悉心指点，感激父母的培养和投入，感激自己那个时期的自信和执着的追求。

二〇一七年八月一日于杭州大观山房

父亲是程颐的后代

程绍国

一

　　父亲老说我们都是程咬金的后代。他只读过两年书，说程咬金卖柴爿，说程咬金使的三板斧，后来的我就知道他是从说书或"温州鼓词"里听来的，源自《说唐》，或《隋唐演义》。程咬金是确有其人的，但并不出身寒门，他的曾祖父和祖父官做司马，他的父亲程娄是北齐时期的大中正。大中正是文官，相当于现今一个省的组织部长和监察厅长。陈垣《史讳举例》说："魏晋以后，诸州皆置大中正，以甄别流品。"所以，真实的程咬金，是不至于卖柴爿的。我父亲还说程咬金是笑死的，我倒有些相信。李世民在时，他被封为卢国公，凌烟阁二十四功臣之一。李世民死后，唐高宗李治对他也很尊重。七十七岁死于长安官邸，他是享尽荣华富贵了。喝酒吃肉，他可能得的是心脑血管毛病。笑死是可能的。

父亲还说程咬金忠义。对于这一点，正史和野史大体肯定。正史上的程咬金很有脑子，也不是个愚忠之人。他和秦叔宝（秦琼）曾被王世充所得，"接遇甚厚"。但他对秦叔宝说："世充器度浅狭，而多妄语，好为咒誓，乃巫师老妪耳，岂是拨乱主乎？"于是两人策马面辞王世充，到了李世民的麾下。后来在诸多事件里，比如玄武门之变当中，程咬金对李世民可谓肝脑涂地。

程咬金是明智的。王世充果然不行，很快败亡。李世民成为唐太宗，可谓历史最好的选择。我以为，唐太宗是中国有史以来胸怀宽广、最为伟大的明君，后世无人匹敌。

我的父亲，或父亲的祖上，认程咬金做先祖，道德立场基本是没错的。

父亲对我说，现在我们住的双溪村，是我的曾祖父从驿头搬来的。双溪村离驿头只有两三公里，车程也就两三分钟。我问："驿头之前，我们是从哪里搬来的呢？"父亲说："从前是福建过来的，福建以前是河南搬来的。"我父亲一生足迹从来没有踏出浙江地界一步，他怎么就记得祖上出自河南呢？父亲说从前是有家谱的，由于"破四旧"，家谱不知藏到何处了。遥远的福建，更加遥远的河南，这种记忆靠的是代代相传，不是我父亲个人杜撰的，我以为相当可靠。从前宗亲观念是很强烈的，越是强烈，记忆越是深刻。但攀程咬金为先祖，明显是个错误。程咬金是山东东阿人，他的子孙同河南也不着边。

我的父亲一九八四年去世。此前寻宗问祖，属于封建思想，此后人们忙于生计，闯荡社会，寻宗问祖岂上议事日程！但，父亲的宗亲意识植根于我，即使报纸上出现某人姓程，我也心生亲切。比如"文革"中有个程世清，评论家中有个老兄程德培，等等。钱文忠说《百家姓》，说到姓程那一天，我放下其他事情不做，认认真真听讲。

我真是个奇怪的人。

有一天，我终于找到我的一位远祖，他有大名，就是程颐。

二

我的祖父祖母生有九男一女。我记得林斤澜兄弟姐妹也是十人。他们在温州城里，活得好好的。我父辈的十个，未成年死了四个，包括我唯一的姑妈。死的是四伯父，以及父亲、叔叔之后的三个。有关怎么死亡的信息很不充分，除了父亲透露之外，别的人从来没有提起。父亲只说祖父对每一个孩子都很疼爱，生一个疼一个，死一个都伤到心里去。这个话好像跟没说一样，但在从前，饥寒交迫，伤心的事多着呢，农村孩子大多自生自灭，死了也就死了。

四伯父是被洪水冲走的。十七岁。洪水来了，就有木头冲下来。木头可以做家具，造房子，也可以给老人打棺材，用处大得很。当发现木头冲下来时，几个青年都发现了，都向木头游过去。我的四伯父抱住木头了，另一个青年也抱住木头了。他们俩奋力把木头往岸上拖，可木头大，洪水猛，不可能拖到岸上来。过两个村了，另一个青年选择放弃，对我四伯父说："算了，算了，我们没办法。"那青年听得我四伯父留在世间最后一句话："有办法。"他肯定是用尽力气，最后是没办法。尸体在哪里呢，是被冲到东海吗，谁也不知道。

最后的叔叔是被人拉去一起"打土豪"，有去无回。据说只有十六岁。他在深山岙底生活了半年，据说是与人争什么东西，被人"背舅妈"了。"背舅妈"就是先挖一个坑，再套住脖子背在后面走，没走几步，这人就断了气，被放入坑内。至于为什么与人争，怎么会争到阴间去，不知道。那么，为什么去"打土豪"呢，据说是那里有饭吃。后来也问了，回答是"查无此人"。

这两个人没有留下尸体，像是被鬼藏进了袖筒。

"打土豪"叔叔前面，一个是姑妈，一个是叔叔。姑妈大呢，还是叔叔大，父亲没有讲，或者讲了我记不得。我记得的，其中一个是泻肚子死的，那么另一个是怎么死的呢，父亲语焉不详，我看反正是病死的，是有死尸的。

对于兄弟，特别是对于父母，是有尸体好呢，还是没有尸体好呢？没有尸体，家人在等待，等待，等待；煎熬，煎熬，煎熬。最后是一点希望都没有，心里一直冰冷冰冷。有尸体的，花钱先看土医生，买点土药，花不少钱，终于不治，尸体开始是暖的，后来慢慢变冷，变僵硬了。接下来是办丧事。家人心情怎么样，特别是父母心情怎么样？祖父五十多岁就死了，祖母六十多岁就死了。孩子一多，他们肯定劳累。祖父母还能让我父亲和叔父读两年私塾，看来他们心都操碎了。孩子一死，都是五雷轰顶。死一个，五雷轰顶，死一个，五雷轰顶，一共死了四个！

这样的父母能长寿吗？

林斤澜的九妹林抗对我说过一件事。说她小时候患登革热，是靠在哥哥林斤澜身上，坐黄包车，去白累德医院看病的。白累德医院是洋人办的医院，是温州最好的医院。林斤澜的父亲是温州"教育三巨头"之一，岂是我祖父一介农夫可比。在温州，即使是地主老财，也很难到白累德医院就医。温州属于丘陵地带，不可能有广袤的土地。四川是广袤的，出了刘氏庄园，山东是广袤的，出了牟氏庄园，河南是较广袤，出了康百万庄园。刘氏牟氏康氏都有官商的背景，不商不富，官商相吸，才会做大。慈禧逃难，躲在了康氏的家，才好住好吃好浴，康氏才更加做大。所以温州的农村，根本就出不了家财万贯的人。而双溪村也有地主，也有富农；双溪村的地主只有十亩地，富农只有五亩地。他们有了病，也会硬扛着，吃点土药，也不会到白累德医院就医。

我注意到姑妈。她是十个里唯一的女孩，该是掌上明珠，吃好穿好，当能活下来。可是她连怎么死都不明不白，可见劳动力重要，还是男尊女卑。

两个没有尸体的，当然没有坟墓。两个有尸体的呢？也没有坟墓。这个事什么人都没有说起，我父亲也没有说起。而且，他们叫什么名字呢？也没有人说起。但他们都有一个姓：程。这是明确的，倘若像父亲说的他们是程咬金的后代，退化退得可就惨啦。

三

活着的六个里头，大伯父住在村庄东边。他的家前是村庄最重要的村街，村街一端通向瓯江码头，对面就是永嘉县；另一端垂直于乡镇大马路（修公路已是很迟了），西行几公里就是青田县了。他的房子就在码头上来的高处边上，房前有一棵榕树。那里一直是村庄最热闹的地方。

现在我想，大伯父家开辟一个店面都好。那里人流大，怎么也可卖些东西。或者做些吃的，炒粉干、煎蛋面、蒸年糕之类。或者卖些干鱼，比如黄鱼鲞、带鱼鲞、鳗鱼鲞，外加虾皮、海带、紫菜、羊栖菜之类。其实大伯父曾经想干这件事，开辟店面。那是在"文革"之前，招来公社一大群人，说是资本主义复辟，要拆房子，全家吓得屁滚尿流。幸而我叔父是村头儿，他们背走了一扇已经做好的店窗板，算是有个交代。

村里是有一个代销店的，算是公社供销社的分支。它是正宗的，日用品都有。食盐、酱油、烟酒、糖果、苏打粉、毛巾、雨衣，不一而足。所以，别的人是不许开店的。只是"文革"时候，派战开打，好像是无政府了，大伯父家不远处竟开了一家店。这店特意不同代销店里的重复，只卖自制白酒黄酒，自制烧饼、油条、油绳（麻花）、马蹄松。香烟是例外，利群、飞马、劳动、大红鹰，很少有牡丹。许多人在他家打扑克，人来人往，好不热闹。"造反派"或"走资派"都无法顾及，村民心情愉快，他家生意不错。

而大伯父再也不敢开店了。

我的父辈除了我父亲，都有哮喘的毛病，以大伯父和叔叔为最。生产队里干活，我的大伯父重活不行，插田割稻总是最慢，工分却是一样。大伯父觉得自己灰溜溜的。他没有儿子，只有两个女儿，后来大女儿招婿上门。这位上门的大姐夫言语极少，很会干活，吃苦耐劳，对大伯父大伯母非常孝顺。特别是他主动改姓为程，我们程姓家族喜欢而且欣赏。

我的大伯父后来只干一件事，白喜事时操钹。白喜事吹吹打打，唢呐是主音，但哮喘者显然不行。他只能操钹，两片相击作声，倒也马马虎虎，得的钱和别人还是一样多。

他死时六十五岁吧。我已十六七岁了，有人说他不行了，我跑了过去。果然坐在床上，双臂和头伏在床边一张高凳上，吸气呼气上身撼动。我的两个姐姐半哭着跑回来了，见状，生怕他伏在高凳上死去，尸体不乖，硬是把他拖到床上躺下。一躺下，气顿时没了。看得我一阵心悸。

我的二伯父一生没娶。没娶的原因，我想就是穷。但他是个人物，脑袋特别好使，他不是干部，但一九四九年以后相当一段时间，村里的事情他说了算。村人普遍尊重他。一九五七年林斤澜的胞妹林抗、妹夫潘大平落难，本来要下放到永嘉县的深山畲底的。他知道后，同村支书说不行，潘大平是我们村里出去的知识分子，别的人可以不要，知识分子要回来。后来打了报告向上面要人，夫妻最终回到双溪村。我的二伯父还想法让他当了教师。他后来成了我的恩师。

我的恩师当年"迁"。他认为反右是对的，自己是错的，自己好好改造是应该的。"大跃进"时候，他相信粮食亩产能够达到十万斤，因为报纸是这么说的。我的二伯父凭着朴素的常识，对他说："大平，你是读书读'厥'了，你勿听人骗。把你赶到农村来，也是错的。"但他并不改变他的认识，反右是对的，后来无产阶级文化大革命也是对的。二伯父大摇其头。

二伯父从不劳动，但他有钱。现在有"理财"一词，二伯父理财几同放高利贷。但低息而可靠，村庄里可说谁都不知道。那时这种活太"高危"，弄不好要坐牢的，但他一直照做，到死都没事。

一天傍晚，他叫所有的侄儿都来，说自己要死了。因为脚底向上发凉了。几个堂兄来，却半问半逼地要他说出谁谁欠他多少钱。他明显有些犹豫，有些为难，但又不能不说，便说了五六个人名字。数目好像也隐瞒了些。大堂兄反复问："只有这么多吗？只有这么多吗？"他便不吱声。我们知道，有一户人家肯定欠他的钱，而且可能最多，那就是他相好的一家。我的记忆，二伯父总有一半时间待在她家，与她的老公像是很好的朋友。她的老公好像总是在家，那户人家又在村街边上，人来人往，我相信二伯父只是精神之爱。那天大堂兄提到这户人家，问他们欠你多少。二伯父只说一个字："没。"大堂兄明明听到，还是明知故问了一次。二伯父再不说话。相好的儿子也赶来了，他来可不是为了送终，他来明显为了"搅账"，说些别的东西。救护车没来的时候，二伯父头一歪，死了，他很高兴，跑去对等车的人大声喊："好了！好了！"

三伯父我不认识，可见死得很早。他留下一子一女。这儿子就是前面所说的大堂兄。大堂兄横空出世，程家男人无不兴高采烈。三伯父三伯母更是惯得不行，据说少年走路，都是腆着肚子，趾高气扬的。脾气坏得不得了，也自私得不得了。三伯母勤劳至极，也老实至极。母为子纲，子可没有为母亲买过一件衣服。三伯母有一回被我的大堂兄给打了。儿子打母亲，这可不行！村人本来见他不顺眼，抓住把柄，大做文章，结果是把他的舅舅叫过来，他低头认了错。究其实，我的三伯母在女儿那个村庄拔猪草，没有穿内裤。

我的五伯父叫程大豹，同我的叔叔、我一家，都住在"九间"。九间是双溪村最大的房子，原来的房主是村里唯一的地主。地主的土地分了，先是分给农人，后来又打成集体，等于土地是国家的，农人种着国家的田地。国家支配土地，无意支配房子。房子分给我们住，可就一辈子住下了。五伯父一家住在我家的北首隔壁。五伯父和我父亲原来都是撑船的，隶属龙泉航运公司。我父亲在我六七岁的时候回家干别的事，五伯父一直撑船下去。这船就叫"舴艋舟"。"舴艋舟"的任务是把浙南的海货与龙泉的山货进行交换。浙南的干黄鱼、干墨鱼、干虾、干贝、咸鲵鱼、咸带鱼、食盐……龙泉的楠木、红木、针杉、灵芝药材、香菇蘑菇、榛子栗子、核桃山楂……五伯父每月拿一点点大米，每趟只有一点点现金补贴。

他应该说又聪明又大胆。少年被抽了壮丁，他说在部队，别的人都吃不饱，可他能吃饱。他打第一碗饭时打大半碗，吃得很快，打第二碗就打得山一样满，慢慢吃。别的人相反，第一碗打得满，打第二碗时候饭已经没了。这方法他从不对别人讲。他后来逃了回来。他说不是怕打仗，而是部队的约束使他受不了。逃兵是要枪毙的，但他不怕，而且他当众逃，跑得飞快，好像要给弟兄做表率似的。那是在浙赣边区，他昼伏夜出，偷田里番薯充饥，第一天逃到金华，第三天逃到丽水，第四天夜里即回到家里。先拿一把刀，到了保长家。深夜月下，刀发寒光，保长一家吓坏了。他说是你保长派人抓我的，我回来了；我不杀你，你若报官，或者以后再抓我，我一定杀你一家。

他也够"大豹"的。

敢作敢为的大豹又是糊涂人。他有五个子女，他生的只有两个。一个像公社干部，一个像屠夫，一个像赤脚医生。大家都清楚，就他不知道。我的五伯母金华那边人，人很漂亮，同一个男子好上，就想毒死自己的老公。没有得逞吧，案发之后第三年，改嫁当了我的五伯母。她慢慢地生下了五个孩子。——女人漂亮，夫妻面貌差距太远，经常出事。五伯父又一二个月回家一次，家境贫寒，女人便容易傍上头面人物。五伯父常年在瓯江里拼死拼活，多数供养着别人的孩子，至今想来，我都为他难受。

五伯母当然不爱他。他死于肾盂肾炎。发病时，他要到温州城住院，他是公家人，他的医疗报销高达百分之九十。可是伯母说不行，城里医院不是想住就住的，百分之十也是不小数目。我那时在城里工作了，他说告诉绍国，他有办法的。五伯母说，绍国忙，他是不会管你的。他对儿女说，活着很幸福很幸福，要救救他。可是五伯母就是不肯让他进城住院，换句话说，就是不让他活下来，就是要他死。慢慢恶化，近两个月左右，死了。

现在轮到说我叔叔。我叔叔和我父亲一样，对五伯母所作所为一清二楚，但对待五个孩子都非常好，一视同仁。他俩对五伯父一家生活上有所接济。我的叔叔和二伯父一样一生没娶，没有儿女。我的父亲和我的叔叔对待五伯父非亲生孩子的态度，只能说他们身上流淌着宽厚仁爱的血液。

叔叔和我家住两间地主屋的前一截(后一截归别人)。小时候，叔叔和我住楼上，父母住楼下，一个灶头吃饭，实际上是一家人。叔叔的官名叫大队革命领导小组副组长，兼大队出纳。这是我二伯父淡出"政坛"以后的事情了。叔叔可不是一个本分的农民，我隐约听到村人说他从前是"破人"。但他后来炙手可热。那时的中国，"革领"厉害，出纳又管钱，可见我叔叔的权力。"革领"正组长是一直当着的大队书记，他是公社妇联主任的舅父，但不识字，实际是被架空的孤家寡人。大队副书记、大队会计和几个支部委员唯我叔叔马首是瞻。还有一个大队长，似近中立，但还是倾向我叔叔这一边的。

村里造什么办什么，几个干部围坐在我叔叔的卧室讨论，我叔叔半躺床上，犯气喘，然后"咳咳咳"，把一口棉花吐在痰盂中。这痰盂是会计端起来的。几个干部缄口竖耳。我叔叔寥寥发话，诸如劳动如何分工、资金如何筹措、技术如何管理等问题立时清清楚楚。他精明，能见出问题的实质，办事魄力又大，自然一言九鼎。村里有一颗印，早就落到我叔叔手里了。我叔叔就是村庄的皇帝。比如"讲案"，村里若不杀死人，天大的问题都可通过讲案解决。一般的案子由其他干部去讲，到了我叔叔这里，就是终审判决。那时砸烂了公检法司，我叔叔就是公检法司。谁不服？不服就忍着吧。

于是拍马的人就多。我叔父从路上踱过，农人都会放下劳作，女人们噘起樱桃嘴巴，"彭叔，彭叔"地唤(我叔父精瘦，形同排骨，温州话念排骨为彭骨)。过年过节不用说，杀了猪，好多人割一叶肝一块腿肉用荷叶包着捧过来；因而我家的茶叶、黄酒、蔗糖也是终年不买。有个姓古的人非常好笑，长年跟着我叔父的屁股转，说一些"忠于你"的话。常常天未亮就过来坐，一是吹嘘自己，二是打小报告。此人喜欢在会上争着发言，动不动流眼泪，动不动说自己三代是贫下中农。我叔叔听腻了，有时打趣道："不用说，你十八代也是贫下中农哩。"

前面说过，我叔叔终生没娶。他也有一个相好的，叫英媛。她的年龄比我叔父大七岁，大眼睛白脸庞，身体很饱满的样子。他们有"爱情"。有爱情在农村我们以为是很不简单的事情。农人即使有也是短暂的，经不起歌颂的。

我对我叔叔更是肃然起敬。即便当初贫穷而决不会到了一辈子成不了亲的程度。他几十年如一日地粘在英媛身边而且甘愿担负英媛一家的生计，说明我叔叔并不是简单的因为性的缘故。为了英媛而到了"无后"的程度，他实在是太不容易了。

也有莫名其妙的事发生。我睡在叔父的另一头，他早晨即将起床，偶尔他叫一声：

"皇天，阿妈！"

一九七六年世事大变。算起来我叔叔属于"四人帮"这条线，他就是"四人帮"在最基层的社会基础了。我亲父当然也是这条线上的人，自然也无法相救。"学习班"，批斗，"清算"……精瘦的叔叔更瘦了。最要命的就是真正的"清算"，清算大队几十年的账目。那几天我叔叔双目无神，两眶发黑，走路魂不守舍。那个可怜的样子和原来的威风跋扈对比鲜明。清算的结果是我叔父"挪用"了公款两千多元，奇怪的，这下子我叔父倒精神起来，脸上有了暗暗的笑容。

他在村中大会上诚恳地认错，说自己喝了村人的血汗，对不住父老乡亲。而村中几个争当村头儿的人虽然要对我叔叔重拳出击，但似乎我叔叔的余威还在，显出无可奈何的样子。村民们还是认可我叔叔的"统治"，以为办事公正。我以为底层的人太单纯，干部没有监督，他们便什么都不知道。只有那个从前拍马拍得最凶最肉麻的姓古的，嚷着要拿我叔叔的棺材抵赔。我叔叔笑着，说"理由充足，理所当然"。而那只棺材静悄悄地摆着，最后还是吹吹打打中，被我叔叔自己使用上了。

四

我的父亲叫程碎舜。这是印章上的名字，温州话舜训同音，他偶尔也写成训。但他没有多少机会写字眼，他写字干什么呢，社会不需要他写字。他读的两年书，实际上也是多余的。

记忆中父亲第一幕，就是我大骂他。母亲抱着我，送父亲出船，我不想让父亲离开我，要到他的船上去。可是他就是回头笑，不仅不让我到船上去，而且还用篙把船点开去。点开去的样子是犹犹豫豫的，有些不舍得。之所以他犹犹豫豫，我便大闹。可他还是把船点开远远的了。这怎么行啊，我便大骂：

"父亲的X！父亲的X！"

父亲要我饭要吃得多，小伙子饭要吃三碗。饭吃得多，身体就会像他那么棒。父亲从来无病，少年时麻疹都没有得过。暑天脱了上衣，那厚厚而坚实的肌肉，村人形容是磨刀石一般。父亲又拿出程咬金了，说先祖就是靠吃饭，才拿动板斧，替李世民打下江山的。

村庄里的孩子，哪个没有挨过骂，哪个没有挨过打。而且父母骂得都很凶，打得也很凶。我的父亲从无骂过，更不用说打了。我最爱父亲了。我便很听父亲的话，饭吃得贼多。顿顿吃得很多，天天吃得很多。终于，久而久之，我吃出胆囊炎来。父亲说："肚痛用饭塞。"村庄里的人都是这么说的，那是半饥荒的岁月。我感觉不行，可孩子要听话，我吃下饭，肚子就更痛了。父亲让我跑，消化消化，他陪着我跑，可是跑了一会又更痛。父亲很难受，背着我，到公社卫生院去。我伏在他的后背，痛得直流泪。父亲跑着，说："马上到医院，一到医院就好了。"

公社卫生院有个叫"阿银"的医生医术是最好的。父亲问一个没穿白大褂的人，阿银医生在不在，答曰不在。父亲说这里还有什么医生吗？我的孩子肚子痛。这人说，你要阿银看，你就等阿银吧。父亲说，你是医生你就给我孩子看一看吧。这人说，你就等阿银吧。父亲让他看，这人就是不看，你来我往，父亲和他吵了起来。我见到的这是我和善的父亲唯一一次和人吵架。我吓坏了。

一个老护士过来，她当姑娘时是我村里的人。对这个医生说：

"快快给看，这是陈书记的儿子，嫁接到双溪的。"

这时这个医生才紧急起来。这时开始，我才真正知道，我不是父亲的亲儿子。

医生说是胆囊炎。我当即吃了药，老护士给我打了针。或者是听吵了一架，我非常紧张，神经反射，总之肚子不痛了。回去时候，父亲蹲下来，还要背我。我说不痛了，我自己能走。父亲不肯，坚持要背我，我也无奈，只好又伏在他的背上。

我的父亲和别人的父亲确实不一样。别人的父亲是不管孩子的，你爬树捉知了也好，瓯江里游泳也好。我的父亲温和地对我说，爬树不好，人容易掉下来，为一个知了人掉下来，太不划算了。他砍来一根长长的竹竿，带我去收拾屋角上的蜘蛛网，然后蜘蛛网凝结成一个小球，黏极了。他把黏球放在竹竿的顶端，教我去粘知了。他说手不能抖，顺着尾部伸竹竿，粘翅膀。我试了几次，果然有效。我捕得知了，很是开心，父亲样子更加开心。

那时我家屋下的瓯江，一片金沙滩，好玩极了。夏天时候，我和同伴们在绿水里扑腾扑腾，说是游泳。我的父亲坐在家前一棵柚子树下，一直盯着我看。什么时候仰头看父亲，他总在盯着我。有时我故意潜水，一抬头，他还是盯着我。后来我会游了，他才没有这么盯着。

一九七三年，我已经虚龄十五了，去读高中。学校步行要三个小时，一星期只能回家一次。我第一次回家，预感我的父亲会出村迎接我。果然，远远看到我的父亲笑眯眯的脸。父亲在村外等我多久了？我没有想，好像父亲迎接我是理所当然的，不迎接才是不正常。而村里别的九个同学，有谁的父母出村迎接的？没有，一个也没有。

去读高中，我带的是粮票和钞票，到学校可换成白米和热菜。其他同学都要背粮，米或者番薯干丝，外加咸菜什么的"饭配"。有一天在家，我父亲一个朋友来，谈起我父亲和他一起做木头生意时候，为我买粮票怎么怎么地辛苦。对我说："你若不孝顺，你会被雷劈了的。"他是笑着说的，我想，我怎么会不孝顺呢，我肯定是很孝顺的。可我没有说。我父亲笑着轻轻说："只有上孝下的，没有下孝上的。"父亲这么说，我有些伤心，但我没有说，只是把一只手搭在父亲的肩上。

高中毕业后，我谋得一份差事：民办教师。月工资二十八块半，连自己可能还养不活。六年，高考填的志愿是宁波师范中文系，录取却是温州师范专科学校。一九八三年毕业，虚龄二十五，"哪里来到哪里去"，我回到父亲的身边。身份是公办教师了，工资也多了一些。可是父亲很失望，以为我应当成为城里人，大学毕业却还要回来。"农村永远没有出息"，父亲就是这样认识的。慢慢想来，我的父亲非常"英明"。

一年后，父亲却生病了。

父亲老是呕吐。我送他到温州"附二"做胃镜检查。前边几个用时都快，我看他们的结论，都是浅表性胃炎、胃溃疡之类。我父亲做了好一会儿，进去一个女人，和胃镜医生搭话。两人似乎很高兴。很久，父亲才出来。我预感不祥，我让父亲坐到远处椅子上休息，说："这个医生不专心，怎么一边干活一边闲聊。"父亲说："就是。"我到了医生处，医生笑笑的，我问："我父亲有问题吗？""有。"医生说。我几乎是明知故问地问："什么问题？"医生不再说话，把报告单递给我，"一个礼拜后来拿化验单。"我不看报告单，就知道问题大了。一看，上面写着：胃幽门ca多少×多少cm。连一个问号都没有。

很迟我知道，胃癌可以做胃切除手术。即便是住院期间，就只有给打葡萄糖，没有一个医生同我好好聊聊父亲的病，同我说说动手术的事。好像癌症就是死亡。我好不容易找到本乡在"附二"的一个本家医生程某，程咬金的后代，让他给父亲看病。父亲知道这位程某，显得高兴。我同程某说了，我父亲是谁，我们可是同宗同源的。程某好像没有听到，他摸摸父亲脖子，摇着头。避开父亲，我傻傻地问："恶化了吗？"他没有表情地说："生癌就是恶化了。""还有救吗？""淋巴都有了。"他开了一味中药，只有一味，让我和瘦肉一起煎制。我想他开出的应是偏方了。后来才知道，这位本家是专治不孕不育的教授。他如果不在这个医院，倒好，我不会找他。如果找到胃外科医生，他提醒我，让做手术试试，可能父亲现在还健在呢。

多少年来，每每想到没给父亲做胃切除手术，心如刀割。

"只有上孝下"。我孝什么顺呢！

五

我的父亲非常勤劳。当时撑船，发洪和枯水都要停歇，有时两月没有一个来回，我父亲闲不住。后来索性辞职了。自己买了一条船，运沙子，运做纸的水竹，运造房子的蛎灰……反正什么给钱运什么。他还从海边地方买盐，回到村里偷偷卖。盐是国家专卖品，这事必须偷偷来。所以这事来钱快，但做得很少。一般是沙子卖了，船空了，私盐船偷偷靠近，轻轻问："盐要吗？盐要吗？"父亲说要，和对方谈好价，便一袋一袋搬过来。经常有缉私船迎面过来或后面追上，幸好父亲一回都没有被缉。

买卖私盐的事很快断了。因为买卖两端受控厉害，海边再没人问"盐要吗？"而村里代销店和公社供销社都知道我家偶有私盐，还好知道我家背景，没人敢过来罚钱。我的亲父蹚过来，说看来这事以后别做了。

后来的情况是，运沙子也不让了，运水竹也不让了，运蛎灰也不让了……都是资本主义尾巴，都要割去。说农民只有种田。而双溪村靠山面江，一个生产小队只有几亩地，即使农忙，三四天也就忙完了。我家一块巴掌大的自留地，够不着我父亲干一天的。

农民不可能坐以待"币"，我父亲不愿意坐以待毙。那是温州打派战时期，两派忙于夺权，倒像无政府了，市场繁荣，买卖兴旺。他和朋友酝酿着干大活。就是船行"上山"（青田、丽水），买山农的木头，然后漂划"下山"（海边一带），卖给木头"黑市"。那时木头是紧俏物品，紧俏物品国家就管。山农即使自有自留山，但自留山上的木头却不准砍，哪怕自己做家具。所以都得偷偷来。这是典型的"投机倒把"的活。

父亲有船，我家有钱，股份占大，其他人股份占小。几次下来，顺顺当当，几人赚了近千块钱。有了钱，我家要造房子了，村东已有一块地基，我家将要从地主屋"九间"里搬出来。父亲不再干木头的事，觉得这种事应当见好就收。可是，其他人不肯，坚决要做下去，无奈，父亲决定最后再做一次。

那时我八九岁吧。一天回家，见我母亲躺在床上哭泣。好生奇怪。父亲枯萎了，像是换了一个人。父亲在边上劝慰我母亲，说自己人活着，房子总会造起来的。原来，父亲的船经过温州城，一路顺风向东，但，到了一个叫乌牛的地方，枪声大作，叫所有的船只都拢岸。父亲的朋友吓坏了，匍匐哆嗦。船被打出几个窟窿，子弹在父亲耳边啾啾飞过，父亲只好把船划拢来。枪口下，满满一船的针杉木，自己从船上搬出来，垒在他们指定的地方。

这件事对我家的打击非常非常大。我家损失了五百多元，等于是一夜摘富，回归赤贫，房子根本没法造了。这件事首先是对我父亲的打击。他本来就是一个勤俭的人，家庭责任心极强，他小鸟筑巢，呼啦啦大风一来，鸟巢飞走了。这件事太大了，多年后，我问父亲，掳走木头的人到底是谁？父亲说不知道。他们给收据吗？父亲说："哪里还给收据，放行让你回家就算菩萨保佑了。"他们这回要的是木头，不是人。农民就是贱民，现在有蚁族一词，任何时候，谁都可以踩上一脚。什么时候被踩，谁踩你的，你根本不知道。也说木头。有一回瓯江发洪，冲来木头很多，村民划船奋力抢捞。不捞就冲进东海去了。第三天，民兵指挥部进驻我村，要求把捞起的木头交给他们。不用说，村民无奈把木头如数交出来。我家原有一根大木头，几十年了，家屋太拥挤，放在我堂姐家，居然被搜走。父母怎么哀求都没用，我村头儿叔父也来解释，不顶事。那时我十一二来岁，以为就我一家被抢，后见全村人都流泪，瓯江里排筏浩浩荡荡的，被大轮船拖走了。这是对村庄的洗劫了。

农民土里刨食，刨不出现金来。锄下一点点土地，还要交农业税。养一头猪，算是积累，要交屠宰税，而猪肉永远是六毛五分。农产品定价很低很低，相比之下，工业品就很高。农民买不起手表、自行车、裁缝机……他们不知道有"剪刀差"三字。他们苦难着，一直苦难着，但他们不知道为什么苦难着。他们没法挣扎，他们被捆绑在土地上，土地却已经不是你的了，不能买卖和流转。你进城要打证明，就是到别的公社买猪仔也要打证明，说明你是哪里人、干什么。你的户口在哪里，人就只能永远在哪里。

父亲有一个撑船的少年朋友，因为熟悉瓯江水路，被招进了温州航运局，后来是客船"瓯江1号"的老大。他是工人了，"工人阶级领导一切"，他一家衣着光鲜，吃香喝辣。村里有人解放初进城当了清卫工人，后来他一家七口生活都不错。"三年灾荒"，在中国，城里人没有饿死的，饿死的全是种粮食的农民。

父亲顽强地努力，一九七九年，我家终于造房子了。我知道，他全是为了我，倘若是他自己，他哪里老死都无所谓。那年我二十岁，他肯定是想着我的亲事了。本来预算是三间两层的，最后第三间只造了一个平房。这使他很难受。言语中像是对不起我似的。这使我也很难受。作为民办教师，就那么几块钱，我又只知教书读书，还能挣什么钱呢？我对父亲说，就这样，很好了，很好了。他不言语，我知道他对烂尾楼是不甘心的。

都说"改革开放的春风"，改革开放当然好，但春风能吹到农村吹向农人吗？没有。比如木头可以买卖了，可以买卖又轮不到农人了，农人偷偷摸摸时候倒是得到一点点好处。火中取栗，他们的手不怕烫坏烫死。而一放开，好事就和农人擦肩而过。买木头要批条子，农人到哪里批条子？春风只能是吹向权力，吹向能够"先富起来的人"。

我的父亲没法做事。但他又是个很想做事挣钱的人。他和我叔父是两种性格，叔父解放后做干部，从不干活，下台了也不急，吃住在我家，心安理得。我父亲却度日如年，真像锅上的蚂蚁，寝食难安。所以我想，人有美好品质，不一定完全是件好事。

无所事事，凑巧朋友来，就在我家打麻将。一盘输赢几毛钱，一局最多也就几元钱。父亲打麻将，显得愉悦，我很高兴；而我母亲很不高兴，认为是打赌，是游手好闲的表现，气鼓鼓的。朋友走了后，她会同我父亲吵嘴，她的认识就是这样，我也不能为父亲辩护。年关将至，发生大事，我父亲和几个玩麻将的人，竟然被派出所抓走了。戴上手铐，说是赌博！派出所放出话来，要想回家过年，罚款三百元！你说完全是消遣，他说完全是打赌，没办法说道理。我的亲父已经退休，退休了就是稻草人一个。这三百元冤啊。但给了钱，还算立马放人。我父亲脸黑了，一夜白了头。三百元对他打击太大；重要的他认为自己是打麻将玩，不是赌博，被人冤枉了；更重要的是上了手铐，关在派出所，自己就是坏人了，他很痛苦。他还觉得连累到我，儿子会抬不起头来。他不像我的二伯父，二伯父精明至极，他没有家室，这种消遣不可能把他久关，他根本不怕。也不像五伯父，天不怕、地不怕，天塌下来只有斗笠那么大、那么轻，看你怎么关他。他真的有点像野史上的程咬金。

后来我知道，人家要的不是"惩前毖后""治病救人"，要的就是钱。

我完全相信癌症重要的成因是坏心情的说法。父亲焦虑，着急，无助，忧郁，愤恨，自责，焉能不生癌症！

生癌症，我生怕父亲知道了受不了，我连母亲和叔叔都一起瞒了。近三个月，我一直在侧。父亲始终没有问一句医生什么话。直到医生对我说，父亲接近临终了，我才送父亲回家。看望的人太多了。父亲一个朋友对我说了一句，"快走了，这个病必须要对他讲。"也不经我同意，进去对父亲讲了。父亲只平静地说了一句："儿真瞒得好啊。"朋友问他有什么遗嘱，他摇摇头，说："绍国都知道。"我一个人在时，父亲说："我走时，你要在身边。"我握着他的手，心想这还用说吗。

父亲还说："每年清明节，你把我坟头的草拔拔干净。"

这就是他的遗嘱了。

我对父亲只说了一句话："人是有来世的，来世我再给你当儿子。"

父亲说："哦。"

父亲是深秋时候死的。他的孙女生于冬天。在医院，我让他给孩子取名字，他取了个："程成虎"。"成"是辈分，"虎"是理想，他心里头想个男孩，是否要像程咬金那样的呢？不知道。反正要有出息。在我少年时，他就说，今后要上大学，要出国留学！但，他没有看见我的女儿，更没有见到我的儿子。

父亲死了后，不幸的事又发生。他的坟墓先后被毁了三次。当年造坟比较潦草，新世纪我修饰一下，石头缝里勾点水泥，棺前立了三块石门。炸！炸药炸坟圈。我问是怎么回事，答曰新建的都要炸。我说这是一九八四年的老坟啊，怎么回事？说重修也要炸。我问政府中的熟人，得知毁坟有任务，任务完成了，就不影响别人高升。一年后，堂兄告诉我，大家都重建了，现在没事了。好，重建了。很快又被炸。炸得我不敢再动，直到我在学校教过的学生当了镇委书记。我电他说，我父亲的坟墓周边绿化好，公路上根本看不见，炸坟是缺德的，有悖人伦的。我很快重修。两年后，学生调走了，坟墓又是被炸了。

乱七八糟，别说草没法拔干净，坟圈石缝里长出的梧桐怎么也拔不了！

呜呼。

六

是的，我不是父亲的亲儿子。我的亲生父亲姓陈，一九四九年后一直是我们乡的副书记。书记倒是几年换一个，我的亲父从来在本乡本土，大不了，也小不了。他是一九四一年加入共产党的，队伍叫"三五支队"，是刘英、粟裕的余部。他没有读过书，应该没有民主自由意识，他参加游击队，我想是没有饭吃。后来我也问过他，他也说蒋介石政权封建专制云云。据说在里头是个小头目，因为没有文化，解放后潦潦草草给他一个职位，他倒没有什么不高兴。

农历一九五九年腊月初四，也就是公历一九六〇年一月二日，是我出生的日子。我的亲祖母说我是腊月廿四生的，她老人家说自己记得清清楚楚。这样就相差二十天。而我的亲母说是腊月初四。我的亲父也说我是腊月初四，他的根据是说那一天他的一个亲戚正好结婚。亲父的说法没有说服力。但我只能相信我的亲母，十月怀胎，一朝分娩，她的记忆不会有错。

我"嫁接"到双溪村来，是一周岁又四个月，也就是一九六一年五月。谁都知道这是什么年头。千里饿殍，作为江南鱼米之乡的温州农村，饿死鬼同样不少。那时号召多生，有"光荣母亲"之说，像是为饿死人做准备的。在我之前，亲母已经生了四胎，比我大一轮的姐姐除外，大哥陈继东，二哥陈继文，三哥陈继武。我叫什么呢？听说叫陈继。我疑心这名字是个半成品，五年后我弟弟的名字就叫陈继勇，而不叫陈续。我的亲父肯定为全家的肚子大伤脑筋，那时基层干部实在没有什么好污贿的，我的到来又使家庭烦躁不安。生日不重要，名字的确也不重要了。姐姐说，最受饿的是母亲，第二就是她。母亲不可能有奶水，番薯干粥最稠的归我，稀的她和母亲喝一点。有一回家边着了火，我被放到家外田畦里，大家扑了火，惊魂里吃了晚饭，将要睡觉了，想起了我，我才被捡了回来。后来每每想起了，觉得自己多余得够不好意思。

亲父在双溪村蹲点的时候，我的叔父说他的哥哥要领养一个男孩。为什么叔父要在我亲父面前说这个事呢？我想亲父多子而且家庭困难是一个原因，叔父要和我的亲父建立密切的关系又是一个原因。叔父非常精明，你看，我亲父马上就说了："我家给一个吧。"叔父在"四人帮"倒台之前一直在村庄里吃香喝辣，他一直在我亲父这棵大树下乘凉。——对亲父来说，我毕竟是他的血肉，而且亲母哭泣着。亲父对我的养父母说，孩子给你们，就是你们的儿子，姓你们的姓；但是我们双方要当兄弟姐妹一样来往，不宜一刀两断。养父母自然答应，给了一刀肉和二十五元钱。亲父母留下肉，退回二十五元钱。这事就这么成了。过年过节，我都要到亲父母家去，特别是拜年。亲父母和哥哥们也守规矩，都不说我是他们的亲人，只是对我特别的好。

于是，我开始了永远的姓程生涯。

就这样，我遇到我的父亲。我用什么赞美的词汇赞美父亲，都不为过。生我的亲父亲母当然要感谢，我还感谢那个饥饿的非人的年代。我觉得苍天早已安排妥帖，我就是程碎舜的儿子，我本来就是程家的孩子，只是先姓十六个月的陈而已。从姓陈到姓程，是手续的回归变更。

这是天意啊。

只是我父亲的命运不能与亲父相比。"灾害"过后，亲父没有什么可忧虑了，即使属于"四人帮"这条线，但他是老干部，不是"三种人"，当官照旧。大哥二哥三哥他们都有工作，或税务，或公安，都是吃香的。双溪村十个高中毕业生，就我一人当了民办教师，背后应该有他的影子。他没有近忧，更没有远忧。年龄到了，他不肯退休。后来退休了，叫离休干部。现在月工资一万多，医疗不用一分钱，我的亲母享受同等待遇。他是一九一九年生人，快一百岁了，身体各项指标正常，只是两个膝盖有点问题。祝他长寿。

父亲是程颐的后代。据古碑考证，程颐曾孙程节在福州做官，秩满回京述职，途径白沙驿时，其母刘氏卒。他见白沙驿风水甚好，即择地以葬，并留下一子守墓。留子守墓，这是合"理"必须的。这一子，即驿头程氏的源流。驿头宋时叫白沙驿，明时叫驿山，驿头是后来的简称俗称。《光绪永嘉县志》载："宋时，白沙驿在西北，路接括苍界。"《温州邮电志》载："宋代温州驿道分西北、东北、南向三路，西北路到白沙驿可抵青田。""括苍"即"青田"，靠近青田的驿站，就是白沙驿，即驿头了。驿头不同于一般的村落，人文古迹丰富，古屋、古桥、古碑、古墓多有保存。立于明代成化十九年（一四八三）的圣旨碑，是省内现存较少的圣旨碑之一。张璁，温州人，进士出身，明朝嘉靖时期累官至内阁首辅，相当于今天的政府首脑，他在《驿山程氏宗谱序》中说："驿山之有程氏，其源最远。自宋伊川公之四世孙大中公铎于瓯，其子孙遂家焉。迄今凡十三世，忠厚相承，诗书继美，为永嘉诸著姓。"

"伊川公"，就是程颐。程颐与比他大一岁的哥哥程颢并称"二程"，出身于名门望族。高祖程羽，是赵匡胤手下一员将领，也是赵光义的幕僚之一，以后又做过宋真宗的老师，官至兵部侍郎。曾祖父曾任尚书虞部员外郎，祖父则为吏部尚书。二程的父亲程珦又以世家的荫庇，照例做了一个"郊社斋郎"，得到了晋升机会，由此起家，连续做了几十年的中央和地方官，官至太中大夫。

程颐与程颢以"理"为最高范畴，以"理"为世界本原。程颐认为，理是创造万事万物的根源，它在事物之中，又在事物之上。道即理，是形而上的，阴阳之气则是形而下的。事事物物都有其规律，天之所以高，地之所以深，万事万物之所以然，都有其理。认为每一事物发展到一定限度，即向反面转化，"物极必反，其理须如此"。他还提出物皆有对的思想，即"有阴则有阳，有善则有恶"。认为人的本性即是人所禀受的理，于是提出"性即理也"的命题。他认为，性无不善，人所以有善与不善，是由于"才"的不同。才是由气而来的，气有清浊不同，故才也有善与不善之分。……具体到"饿死事小，失节事大"，似是程颐的污点。而程颐又赞成侄女改嫁，怎么回事？实际上，儒家有"经""权"之分。"经"是指那个时候寡妇不应再嫁。"权"呢？是指有时可顺应情况而改变的情形。"饿死是小，失节是大"主要是指价值选择，"失节"之"节"，主要是官员、知识人等的人品气节操守。还有"存天理、灭人欲"，"灭人欲"也不是"食色"都不要。"和多个女性发生并保持性关系"当然不行。他的"天理"本来就玄乎，后来被朱熹一发扬，成了统治者的工具，就糟糕透顶了。还有"父子君臣，天下定理"，这是坏透了。他们继承孔孟，而孟子"民为贵，社稷次之，君为轻"的思想却没有继承下来。我以为对后世的影响，"二程"负面较大。

我的父辈哪里知道？

程颐能知道有我父辈这样的后代吗？

有名门先祖，怪不得父辈以上对迁徙史（路径）代代相传：祖先最早在河南，后来在福建。原来应该更加详细，比如河南洛阳，福建福州，后来只剩下大概了。而重要的，把程颐及其四世孙程节（大中公）的名字都弄丢了。这怪不得父祖先辈，他们谋生用不着这些名字。——哎，世界名门有多少，几代里可能家庭理想还能把控。比如程咬金，长子程处嗣，袭爵卢国公；次子程处亮，娶唐太宗女儿清河公主李敬，授驸马都尉；少子程处弼，官至右金吾将军、泸州刺史等等。后来呢，和所有名门一样，枝杈多了，人生各异，龙蛇乱飞，豹鼠纷呈，狼奔豕突，官工农商学兵匪都出来了。狗盗者有之，安分者有之，贤良者有之。这才是公平世相，这才是人间正道。

驿头程三康，抗战时转辗到非洲加蓬，吃尽苦中苦，娶当地黑人为妻，渐成庄园主，至国会议员。儿子程·让平，当过加蓬外长，做过联合国轮值主席，去年与前舅子竞选总统（险败）。他多次到驿头寻根问祖。让平"正"字辈，我是"明"字辈，"明成正广"，算起来，他是我的孙辈。我的父辈，不知孔孟，更不知程朱理学，引车卖浆，所干之活区别也不小。"穷理"的程颐，他能料到后代中有我如此"穷物"的父亲程碎舜乎？他能料到后代中出现在加蓬"穷权"的程·让平乎？

他们怎么也不能同理学家程颐联系在一起。

联系不起来，或干脆不联系，都无所谓。

人有宗亲，不可数典忘祖。宗亲重要吗，不大重要。"爱"才重要！

世家子弟

洪水平

　　乐清县太平巷洪宅曾经辉煌一时。翻开《洪氏大宗谱》，有文字记载的最早的祖先是唐朝的洪觉轩，他当过侍读学士，陪皇帝读书。这位先祖肯定是第一流的学者。皇帝会拣一个不学无术或徒有虚名的假斯文来陪他读书吗？这位先祖也一定道德高尚，口碑极好。下三滥的货色进出皇帝书房，即使不会因此亡国，却能扰乱乾坤。无论哪一个朝代，都有两个甚至无数个利益集团在明争暗斗，贬低政敌，争得天子的青睐。每个集团都有龙子皇孙作后台，争权夺利，用尽心思找对方的弱点，削尖脑袋在鸡蛋里挑石头。现在的古装电视片偏爱宫廷剧，因为这里头"戏"多：尔虞我诈、放内线、收买、窃听（可惜没有窃听器）、卧底，甚至刀光剑影全武行，至于放毒药、暗杀，更是司空见惯。侍读是天子近臣，实际上还是皇帝的老师，觊觎这位置的大有人在，能够平平安安不致被暗箭射杀的并

一九三三年，洪宅八公子在老屋门口

不多。

而我的这位先祖，却安安稳稳的做他的官，死后赐谥褒惠，妻罗氏，封卫国夫人。可见他洁身自好，爱惜羽毛，置身于政治漩涡之外，几乎是隐于朝的隐士，视功名利禄如浮云。这样淡然、坦然过平常日子的封建时代的官僚，高人也。

乐清的始祖叫洪模，他在南宋时曾任都统一职。这是武职，相当于一个战区的前敌总指挥，这是个临时职位，战争一结束，此职就取消。他有没有与蒙古人打过仗，真刀真枪厮杀过呢？看后来的历史似乎没有，否则，蒙古人不会饶了他。

以过去的眼光看，他是汉人，却投降异族，还在"伪"朝做官，是个汉奸，但几千年来，改朝换代中，这一朝的官儿是前朝的旧臣，比比皆是。入主中原的异族也不只是蒙古人，唐李渊就是胡人，唐并非是汉人的朝廷，他的许多名臣贤相，都是汉人，但没有人说过一句闲话。民国开始，汉满蒙回藏，五族共和，承认所有民族平等，中国人之间无"汉奸"之名。

忽必烈建立元朝之后，任洪模为宣慰使，知温州府路，官阶是骠骑卫上将军，正二品。上马杀敌，下马治民，文武双全。正二品，够大的了，"一品当朝"是宰相、首辅，皇帝第一个助手，二品，相当于现在的国务院副总理或国务委员，跻身国家领导人之列。我是他的二十世孙。

乐清洪家被称为名门望族，还有个根据。中堂有两块匾，大的一块是"祝洪母太夫人八秩大寿"的，大书"大陆祥人"四字，金字黑漆，正上方有朱红印文，十分壮观。这匾是谁送的还有争议。在我的记忆里，送这匾的是陆润庠。这位陆先生是同治年间状元，当过工部、吏部尚书，相当于现在的建设部、人事部部长，后来竟是东阁大学士，相当于宰相，政府首脑。但还有一说是陈介石送的。陈介石是瑞安人，东瓯三杰之一，大文化人，曾是北大教授，经学大师。可惜的是，"大陆祥人"此匾在文化大革命中被毁，现已无法考证。但无论是两者中之一，都显得洪宅与众不同。

在我记忆中，洪宅还有一个较小的匾，上书"膏我下土"四字。这是乐清东乡某地原来土地贫瘠，我的祖先帮助兴修水利，使之成为旱涝保收的良田，因此这匾类似功德碑。

由此可见，洪家被称为名门望族，倒也不是胡乱攀个祖宗，自吹自擂。其实，祖宗是官宦名人或基层草根，都没有关系，草窠里可以飞出凤凰，无赖汉作皇帝的不少，高楼豪宅出个不肖子弟，吃喝嫖赌，无恶不作，都不足这奇。所以写这一段，无非说这匾的来历，亦有数典不忘祖之意。

回过头来言归正传。这张照片是我八岁或九岁时拍的。这大宅子里四个房头（四个兄弟，成家后一家称一房），"式"字辈的兄弟全到齐了。从右至左依次是洪锦冠、洪时骏、洪水平、洪禹平、洪时骅、洪锦江、洪鸣天和洪式诚。他们都有小名，依次是阿冠、阿骏、阿涛、阿鹤（禹平原名洪鸣鹤）、阿骅、阿江、阿天、阿烈。他们的名字都有点来历。水平、禹平来自《汉书·食货志》"禹平洪水"；阿鹤、阿天，全名是鸣鹤、鸣天，出于《诗经》"鹤鸣九皋，声闻于天"。我这个"涛"字是干爹取的，据说我的生辰八字中五行缺水，又希望我长寿。他老人家去世已久，如果得知他的干儿子已年过九旬，想必会掀须而笑吧。

这八个兄弟中年岁最大的是洪锦冠，因为在诸兄弟中排行老大，故我们都称他"锦冠哥"，或简称"冠哥"。当时冠哥才十五岁，根本没结婚，因此冠哥怀中的婴儿是谁，已不可考，洪氏上辈及照片中诸人除我之外都已亡故，只好存疑。

这八个人中，智商最高的是时骏（后改名式灏）和时骅（式颐）。

阿骏在考中学时，温州三个中学：温中、瓯中、温联中，全得第一名，成为学界佳话。当时在洪宅，子弟不用功，父母就说"你为什么不学学阿骏！"

阿骏语言天赋惊人。初中二年级，他就自办英文壁报，作者和编辑只他一人，每期都好几篇文章。贴出以后，全校轰动，好多老师来看，英文老师不必说了，他们都不相信才学过一册半英文课本的十几岁孩子能写出这样的文章，不仅文法、拼音全对，还颇有文采。老师们不免疑心是某一位先生代为捉刀，再三询问，还惊动了校长，才证实确为阿骏自己的作品。我和禹平念中学时英文成绩都不错，是阿骏带出来的。

一九四五年下半年或一九四六年上半年，温中学生演出郭沫若的话剧《孔雀胆》，在场观众有盟军（其实是美军）军官，所有的英文教员都知难而退，唯有阿骏挺身而出，充当现场同声传译。即便是现在，北京语言大学毕业的学生要担任这一工作，也需百里挑一，何况翻译的是文学作品。当时阿骏坐在这几位美军军官中间，随着剧情翻译台词。到闭幕时，那几位美国佬问道："你是在英国长大的吧？""我只到过温州。"他们竖起大拇指，说"wonderful！"（可译为"了不起"）。如果像现在一样有发达的传媒，阿骏可能十八九岁即名满天下。

第二天，我遇到阿骏，问他："孔雀胆怎么译。"他说："孔——雀——胆。"

但造物忌才，阿骏在二十岁患了肺结核，当时只有链霉素才能救命，但一瓶链霉素要一两金子，阿骏的父亲——我称他二叔——二十八岁亦死于此病，二妈一个人支撑两个孩子的家庭，哪有能力买这样贵的药。何况要真正治好，一瓶根本不够。洪家世交徐希焘先生奔走呼号，想筹款买药，挽救这位天才少年的生命，但八年抗战，接着就是内战，民生凋敝，通货膨胀，谁又有余款来做这般善事呢？这些好心人眼睁睁瞧着这罕有的天才于一九四七年病逝，他才二十三岁！这时我已离家去了浙南游击根据地，与故家音讯断绝，直到一九四九年解放，故乡亲友告诉我阿骏在临死前骨瘦如柴，呼吸微弱，二妈及叔伯师长眼见死神来临而束手无策，我不禁痛哭失声。

洪时骏如不死，当中央编译局长、外交官都绰有余力，贫穷落后的中国，瘵死者岂止洪时骏一人！

洪时骏的亲弟弟洪时骅是中学国文教师，他常上示范课，许多科班出身的老师——如师大的学士、硕士不定期来听他的课，评价甚高。有人告诉他们，洪老师不过是初中毕业，竟有人不相信。我的一个亲戚是他的同事，在大学学的是现代文学专业。她对我说过："洪老师把那些高学历的老师远远抛在后面。"

一九四九年温州解放不久，故乡来人告诉我，时骅是"反革命"，关在牢间里。我自一九四六年离开温州后，一直没有回到故乡，心里想，他才十七岁，年少无知，或许上了军统、中统或者什么"朋友"的当，干了些坏事也可能。虽然，阿骅腼腆忠厚善良，我自己也不相信自己的想法，但决不容许自己插手亲友的案件，当时虽然没有"回避"的法律，但像我这一辈人都自觉地遵守这不成文法。

次年冬天，时骅出乎意料来到我家，我劈头第一句就问："你怎么成了反革命了呢？"他苦笑，说出了下面几乎无法相信的事实。

原来国民党乐清县党部书记长兼戡乱委员会主任是我们的同宗兄弟，叫式华。他在乐清解放前夕带了两个竹壳热水瓶，里面装满金条，只身逃到台湾去了。而乐清县人民政府公安局局长是南下干部，山东人，"式华"——"时骅"音相近，就张冠李戴，把时骅抓了进去。这位局长的颠顶糊涂，可以上《无双谱》了。其实只要看一下时骅满面稚气的娃娃脸，就可以判定哪有未成年的国民党县级官员？但事实确是如此。

时骅糊里糊涂坐了十三个月的牢。我问："这期间有没有过堂审问？"他摇摇头，"那又为了什么放了你？"他也不知道。这样的奇案，中外古今几千年的历史上，恐怕没有第二例，令人舌挢而不能下。

禹平比我小一岁，他性格刚毅，认定一个目标，执着，坚韧、专注百折不回。他从小立志当文学家，博览群书，尤其是中外文学名著。从一九四七年五月当《时事周报》（中共温州市委机关报前身）编辑开始，笔耕不已。上世纪五十年代，他调往北京，在连环画出版社当编辑科长，同事中有王叔晖，刘继卣等名画家，他们的文字稿都要禹平来审查认可，工资等级相当于副厅局级干部。他在北京安了家，妻子也是解放前入党的"老革命"。他参加第一届全国青年作家大会，最早一批中国作家协会会员。《人民文学》《新观察》不时登有他的小说散文。在别人眼里，他名利双收。人生到此地步，夫复何求？

上世纪五十年代初，不知道是中央宣传部、全国文联还是作协——反正是其中一个机构突发奇想，号召作家职业化，即放弃工资，靠稿费收入维持生活。这在当时计划经济的背景下，简直荒唐透顶。说得好听些是"理想主义"，说得难听些，就是"痴人说梦"，肯定是某一位头头脑子发热的产物。作家若没有一份稳定的收入，只有饿死。像鲁迅、老舍这样的名作家也都是教书匠，"纯"作家在中国少见。

而禹平却马上打报告要求"职业化"，抛下北京的妻女，离开政治文化中心的首都，单身回乡，豪气满胸怀，以为从此可以振翅冲天。后来，据有关部门统计，当时全国要求"职业化"的作家，仅禹平一个，没有第二人。

禹平回家乡乐清，路过省城杭州。当时中共浙江省委宣传部文艺处处长正是浙南特委宣传部干过的郑伯永，他兼省文联秘书长，留禹平在创作室从事创作（其实已经非职业化了，创作室免费提供住宿伙食）。紧接着

一九三八年乐城小学师生

反右派运动开始，郑伯永被打成右派分子（可怜他病贫交迫，死在家乡乐清万岙）。

当时，《浙江日报》全版批判洪禹平的右派言论。好在他不属于任何部门，对报上的批判嗤之以鼻，自个回到乐清。但生活无着，曾经干过打渔、补鞋、当推销员之类的营生。有一阵子还买了一部称体重量身高的机器在街头摆摊。总之，除了讨饭，一个落魄文人的一切厄运他照单全收，而且照样读书吟诗，关心国家大事。后来文化大革命开始，他又一次头脑发热，在温州参加一个叫"巴黎公社"的造反派组织，还因此坐了几个月的牢。

一直到一九七九年，"四人帮"粉碎，禹平到省文联要求平反（右派摘帽叫"改正"，羞羞答答不敢说"平反"二字，这也算是中国特色之一）。文联和省委宣传部查遍一九五七和一九五八年的所有档案，竟发现并无一个组织或个人定他为右派分子，《浙江日报》只负报道之责，更无权将他定为右派。就是说，他不是右派分子。那么，既然不是，就无从改正。但他实际上被认为右派分子已经二十多年，自己也以为自己是右派。于是，这事陷入一个逻辑怪圈。

无奈之下，浙江省文联负责人与禹平商量，建议他姑且自己承认是右派分子，才好改正、恢复党籍和原行政等级以及离休干部的身份。禹平没有办法，只好同意，后来才得一噉饭之所，在乐清师范教书。他是把自己戴上帽子、无中生有的右派分子。这事可以收入现代版的《今古奇观》。

在所有的兄弟中，禹平最漂亮，搞文学的人，感情丰富，他的颜值和情商都属第一流。在初中时，我与他同在温州中学读书，他比我低一年。有一回，一位也是乐清的女同学写了一封火辣辣的情书偷偷塞给他，声明"非禹平不嫁"。他慌了手脚，拿了信来找我，问："怎么办？"这其实很好办，我说："不理她。"也就没有第二封来信了。

上了高中，他正式谈起恋爱来，对方是青梅竹马时的邻家少女沈小姐。沈小姐家里真正当家的是她的大哥，以为禹平太孤傲狂妄，坚决反对他们接触，而且采取断然措施，将妹妹软禁在楼上。殊不知这位绰号"糯米人儿"、平时温和文静、讲话都细声细气的姑娘性格刚烈，半夜里冒险从窗口跳下，到太平巷洪宅找禹平。这一下人是逃出来了，以后怎么办呢？这对小情人全无主意，他们到底还没有社会经验，想来想去，能商量的只有我。

这天半夜，我被急促的敲门声惊醒，开门一看，他们手足无措地站在门口，两个都满面汗珠。我听完了他们说的情况，立刻说："走！到温州去！"这样，我带路，偷出后门，步行直奔瑄头。

私奔古已有之，卓文君是一个人，戏台上的小姐私奔往往还带一个丫环，而我这"第三者"算是什么人呢？当然不是仆人，勉强可以说是主谋，但这拿鹅毛扇的竟又跟他们一起奔。这很奇怪，下文自明。

一路上，他们手拉手，并排走路，情话绵绵，倒像是郊游。我一声断喝："快，沈大哥会追上来的。"才拆散这对鸳鸯，随着我急步而行。

到了温州，已是第二天，我找到温州的同学，他们才有个栖身之所。如果我不跟着来，他们只能露宿街头了。

一九四六年底，我由上海先到浙南游击根据地，不久，禹平也来了，同在浙南特委宣传部工作，兄弟二人主办《时事周报》，也就是现在温州市委机关报前身。

沈女士和洪宅的洪禹华（禹平的嫡亲姐姐），还有我的叔伯姊妹洪羽央，都参加了乐清县委领导下的北雁荡山括苍山游击根据地的工作。兄弟姊妹四人几乎同时上山打游击，曾被传为佳话。

两块根据地之间隔了一条瓯江。禹平和沈女士偷偷地拜托老交通员、原红十三军战士汪德威（解放后他是永嘉县人武部部长）传递情书。这情书不可能情话绵绵的了，它只是一个小纸卷，塞在竹笠或雨伞柄里。这件事是违反秘密交通纪律的。汪德威冒了被批评甚至受处分的危险，他是个老好人，挡不住年轻战友的央求。

大约是一九五二或一九五三年，禹平兴冲冲地通知我，他要结婚了，告诉我结婚的时间和地点。婚礼简单，只在温州××巷梁家摆一桌酒，请几位亲友吃一次饭。我和禹华按时到场，但不见沈女士，只有梁女士忙里忙外。我们偷偷问禹平："沈××呢？"他竖起食指按在嘴唇上："嘘！就是她。"原来新娘姓梁。我和禹华相对默然。以后就是上面说的在北京安家，一连生了三个女儿。之后遇上反右派，经历种种厄运，一直到一九七九年平反。平反后又结了一次婚，不幸以离婚告终。

禹平于二〇〇五年在乐清去世，终年八十岁。现在，乐清社科联已编辑《洪禹平文集》，预计今年八月份出版，他如泉下有知，应该满足了。

锦冠哥毕业于英士大学化学专业，一生从事教育工作，小心谨慎，老成持重，平平安安过一生，夫妇都年过八旬，将近九十时去世。

锦冠哥的妻子黄蕙芳，我称她大嫂。她的祖父黄式苏先生，与后来称为和平老人的国民党元老邵力子于光绪廿八年（壬寅）同科中举。他参加光复会、同盟会，曾任温州师范学堂的监督（即校长），当过三任县知事。他在福建宁德知事任上，逢大旱，饿尸遍野。式苏先生卖掉自己的所有田产，替全县农民纳了田粮，"黄式苏做官卖田"，全县皆知，一时成为佳话。这样的清官，中外历史上都罕见。他的老屋有自书楹联：

老至梅应迟，有书未读；
宦罢游已倦，无田亦归。

盖纪实也。

他又是著名的诗人，与刘绍宽、马一浮、夏瞿禅、吴鹭山、徐堇侯等时有酬唱，有《慎江草堂诗》六卷与《慎江草堂联语汇存》传世。后者的书名是我写的。

式苏先生侄儿黄尚英，一九二九年与李强（我国首任外贸部长）在香港建立中共南方局电台，沟通在上海的党中央与江西苏区的联系，是中共最早的无线电台干部，后因肺病回乡。式苏先生将他安置杭州医院，多方筹款治病，惜乎病情已重，致使尚英英年早逝。式苏先生明知侄儿是共产党，但不怕牵累，全力抢救。他一生写过不少挽诗挽联，但无一字及尚英。鸣呼，天黑如墨，风雨如磐，老先生不能不有所顾忌。

锦冠哥在抗战初期结婚，婚礼十分隆重，是太平巷洪宅最后一次大排场大铺张的婚礼。自他以后的诸弟妹，均在解放后结婚，不过领一张结婚证，分几颗喜糖，顶多请客人吃一顿饭而已。

婚礼那几天，整个宅院张灯结彩。我还记得一组琉璃八角宫灯，彩绘人物山水楼台，十分精致。新房的门联是：

百年好合；

五世其昌。

笔力雄健而秀丽，是书法家李宅大房李肃遐先生的手笔。

办喜事那几天，洪宅前后道坦全铺上地平板，上罩白布天篷，风雨不透；盘了两个大灶台，乐清最好的几位大厨师忙着办酒席。来客每人奉上一碗汤圆，意为"结结缘"，请来帮忙搓小汤圆的邻居大嫂就有六七人，糖渍的金桂花用了好几斤。

大门门台间摆了一张账房桌，红缎桌披，一位账房先生登记贺礼贺金与来客姓名。如为上一辈贵客，随即高声向内通报。这位账房先生是我的族兄，熟知洪家亲友辈份亲疏，不会出错。

冠哥婚后即赴重庆，持曾任驻伊朗大使的郑亦同先生介绍信去见邱清泉将军，邱一听来人说的是温州话，一言不发，当场写条子介绍锦冠进重庆邮政局工作。邱清泉是温州蒲州村人，国民党五大主力军之首，当时是陪都卫戍司令。

冠哥到重庆后，从不来信，视新婚妻子如无物。个中原因，外人只能猜测。蕙芳嫂是名副其实的出自书香门第的大家闺秀，很有主见。她认为自己已经出嫁，当然不回娘家；丈夫外出谋生，她也不愿在洪家寄食，于是就到柳市小学教书，自食其力，住在学校里，假期也不回家。这时，禹平的大姐翠鸾也在重庆，不断把蕙芳的情况告诉锦冠，婉转责备阿冠不应如此对待贤淑的妻子。

一九四四年，锦冠回乐清，中途下船，直奔柳市小学。正是暑假，学校悄无人声。蕙芳嫂端着放有一把茶壶、四个茶杯的茶盘下楼，准备到河埠头清洗。锦冠一进大门，大喊"蕙芳蕙芳"，丈夫的声音是这样熟悉，蕙芳嫂头一晕，脚一软，瓷制的茶具摔得粉碎。

这以后，琴瑟和谐，夫妇恩爱异常，解放后冠哥在温州工作，我是他家的熟不知礼的常客，亲见他们相敬相爱、形影不离、互相体贴之状。

冠哥古诗作得极好，禹平称他为诗"雅健可颂，颇得风骚正风"，表弟张炳勋说他的诗"深得三昧，峻洁雅醇，用典自如"。但他对自己的诗从不珍惜，随手乱丢，蕙芳嫂一一收集珍藏，他于二○○五年亡故后，我编《洪锦冠诗》，诗稿全是蕙芳嫂提供。诗篇写在各种各样的纸上，有一首竟写在香烟壳反面。

这里录《从弟水平〈站着写人生〉出版》二首之一，以见一斑：

曾是圣朝牛鬼蛇，

阿戎生死一丝差。

劫余留得如椽笔，

画出萧疏万姓家。

"如椽笔"不敢当。全诗貌似平实，但剑锋内敛，春秋笔法。读者诸君自能领会，不必我来饶舌。

锦江为机械工程师，退休回故乡后，被数家工厂返聘，其中有现在名气很大的企业集团，当年只是个小作坊。他对乐清工业的发展是有功劳的。

禹平的亲弟弟洪鸣天五十多岁患心脏病早逝。洪式诚解放后在县政府工作，退休后为老年协会事奔走。他年纪最小，但亦已逝世。

还有两个不在照片中的弟弟值得一说。他们在我们拍照时还未出世。

一个是洪锦炘，幼时已显露出数学天赋，四五岁时，我们常逗他，出些四位数与五位数的数字，让他加减乘除，他顺口说出答案，百分百正确。他一路顺风从浙江大学毕业，分配在江苏无锡机床厂，从技术员、工程师、总工程师、副厂长、厂长、党委书记、无锡市经委副正主任、副市长、市长，直当到市委书记。他绝无后台，更不屑也不会依附权势走后门，他这官儿是硬功夫挣来的，最后是江苏省人大常委会副主任，是洪宅"式"字辈中最大的"官"。

洪锦炘长期在外工作，我对他的情况知之不多。但知道他早就看到旅游业的重要性，无锡历史上已是旅游名城，但他仍感不足，提出要开发灵山这一新风景区。多数市委负责人主张在灵山树立全国最高的毛泽东大铜像。他力排众议，要塑一个大佛像，在当时的政治生态下，几乎是大逆不道，冒极大的政治风险。但他坚持己见，终于说服了市委会，在灵山竖立了当时最大最高的释迦牟尼之铜像。现在，灵山大佛已成为国内外著名的旅游胜地，到无锡而不见大像，几乎等于未到过无锡，它的大名，超过"泥阿福"。

他极为低调。上世纪八十年代我曾遍游扬州、苏州、无锡、昆山，曾住无锡市人民政府招待所，弟媳来看我们，招待所的负责人竟没反应，不认识这位衣着朴素的女同志是书记夫人，这几乎无法想象。

另一个是我的三弟武平，借他的一首打油诗：

> 长江首尾觅行踪，
> 两个油田作祖宗。
> 三等六样论职业，
> 墙里开花墙外红。

一九五四年开辟青海柴达木油田，一九七五年开辟江苏油田，他都是第一批去的。一在长江源头，一在长江下游，"祖宗"云云，搞笑而已。他是我国第一批石油干部。在柴达木十三年，有不少故事，已经引起温州记者周红的兴趣，准备从他开始为第一批石油人立传。除了是石油勘探人员，有工程师头衔，还当过记者、编辑、报社社长、总编，在北京大庆展览馆还当过美术组副组长。退休后热心绘画，在全国、部、省、市都得过奖。现已年过八旬，仍每日伏案作画，而且专画人物画，乐此不疲。

至于我自己，是八个人中吃苦最多的一个，却意外地长寿。长寿并没有什么好处，老年病在所难免，人造角膜，一半义齿，行走不便，听力打八折，常常"笔头呆"。但也不无好处，见得多了，世事洞明。听好话果然高兴，但未必都是真话，坏话不中听，但其中或有其理，岂不闻"良药苦口，忠言逆耳"，听听又何妨，只要活得自在，别人讲七讲八，管他娘！

九十三岁元旦，突发"灵感"，作打油诗一首：

九三二十七，

愚昧乃昔日。

本来硬骨头，

偏又黄金膝。

强项天所妨，

未死即大吉。

古稀耽文笔，

甘心窝陋室。

出了几本书，

不问得与失。

平头老百姓，

老健即是福。

太平巷其实是后门，大门在南面，这照片只是大门的下面一部分。大门上方是一排一丈多长，一尺高的砖刻浮雕，多是历史故事，我记得起的有郭子仪单骑见回纥和苏武牧羊。其下是"紫气东来"四字，阴刻，大门对联为：

沧海六鳌观气象；

青天一鹤见精神。

这四字匾和对联都刻在水磨青石（辉绿岩）上，水磨功夫到家，如镜面，光可鉴人。

大门前的巷子是断头巷，到此为止，西向直通大街，这是洪宅专用的门头路，过去没有名称，听说现在已另有巷名。

附

"世家子弟"今何在

王丽

今年四月初，我奉出版社之命，为《洪禹平文集》寻觅作者早年旧照。在其堂兄洪水平先生的温州寓所，发现了这幅洪氏八兄弟的早年合影。

据洪水平先生推算，此照片当摄于一九三二年或一九三三年。照片中除了右边手抱一婴孩（不知谁家小孩）的洪锦冠先生时已十四或十五岁之外，其他人均为"总角之年"。在上世纪三十年代初的南方小县城，拍照还是一件相当奢侈的事情，何况要集齐太平巷洪宅四房八个小兄弟。更难得的，照片不是照相馆里拍的那种千篇一律的"呆照"，而是在洪宅的大门口：八个孩子背倚门槛席地而坐，有伸着腿的，有屈着腿的，有双手抱膝的，姿态神情中自有一种放松，又个个稚气可掬。他们的眼睛，一齐望向照片右方。在他们身后，是有两百年历史的洪宅。

乐清虽是小县城，但东晋时便已建县，由于历史的积淀，慢慢形成了几个名门望族。这些家族被名之曰"洪宅""李宅""徐宅"等。每个家族中往往有名声显赫的祖上。其中数"太平巷洪宅"名声最大。我孩提时便听大人说过"洪宅"，只是没有机会去过，童稚的脑海中却无端地留下高门大屋、庭院深深的印象。

记忆

洪水平先生作为照片中八兄弟中唯一的健在者，应我之约，为这幅旧照写了一篇文章，题为《世家子弟》，讲述了照片中八兄弟的命运遭际，还有洪宅祖上的显赫历史。我与洪水平先生是同乡，比照片中人小了一辈，但由于冥冥中的因缘，与其中一人——洪禹平先生——的人生有过深度交集，也因此见过照片中另外三位：洪锦冠、洪时骅、洪鸣天。于是，我看这幅照片，比之别人又多了一层感慨。

对于今人来说，"世家子弟"这个名词似乎有点陌生。"世家"一词最早出自《孟子·滕文公》："仲子，齐之世家也。"意指门第高贵、世代为官的人家，也指世世代代相沿的大姓氏大家族。这些家族引以为傲的不仅仅是功名官职，还有代代传承的文化。其原因在于中国的传统是学而优则仕。家族中子弟只有考上功名，才能确保家族的地位和名望。因此，客观上导致这些家族特别重视子弟读书，世世代代传承，遂成为家族的文化特征。生长于这种家族的子弟，受其熏染，形之于外，便自有一种与众不同的风度气质，其中也包括文化上的优越感。在中国历史上，"世家子弟"是一种文化现象。

时易世变，从上世纪初的废科举开始，随着中国社会运行上千年的旧秩序被打破，"世家子弟"的命运也发生了剧变。尤其是上世纪后半叶一场接一场政治运动，彻底摧毁了"世家子弟"赖以生存的社会土壤。时至今天，乐清县城中曾经赫赫有名的几个名门望族，除了留下"洪宅"、"李宅"这些地名和一、两座年久失修的老屋之外，其后人亦星流云散，再也找不到可以佐证这些家族曾经存在过的印迹了。因此，洪氏八兄弟的这帧合影，成了一个曾经存在过的时代的见证，而洪水平先生的《世家子弟》一文，则是这帧照片的解读。两者相互参证，其中颇有一些值得深思之处。

洪水平先生文中提到，当年八兄弟之一的洪时骏因为天资过人，加上读书用功，成绩出类拔萃，被整个家族当做榜样。族中若有子弟读书不用功，父母就说"为什么不学学阿骏？"可别小看这句话，我印象中记得洪禹平先生也曾不止一次提到过阿骏。阿骏只比他大一岁，在乐中念初中时，所有主课都考全校第一，无人可敌。他那时年少气盛，很不服气，暗下决心一定要超过阿骏，拼命发奋读书，可结果不得不甘拜下风。但也因此，他的成绩也相当好，尤其是英文，受阿骏影响，中学时便能依靠词典读懂浅近的英文作品。

当然，除了洪水平、洪禹平俩兄弟之外，其他兄弟多少也会受其影响。我曾问过洪水平先生：你们当年那么多堂兄弟在一起玩是不是很疯？他说，印象中就是整天一帮孩子"轰"地涌进洪宅大门，又"轰"地涌出大门……可以想象，八个年龄相仿的兄弟在一个大宅子里生活，该是何等的"闹热"；而他们之间的互动，又会产生怎样的"共振"效应？

当年在洪氏诸兄弟中，阿骏就像雁群中的头雁，领着一群雁儿鼓翼齐飞，队伍中个个奋力争先。这种"正能量"，不是今天独生子女的家庭能够拥有的。而这种同辈之间的横向的相互影响，效果可能更胜过纵向——来自父母的管教，客观上也大大减轻了父母教育子女的负担。

而当年在洪宅，还有一种影响来自族中的长辈。洪禹平先生曾在回忆文章《少年求学记》中写到堂伯父洪国忠先生和叔父洪公达先生（洪水平的父亲），他们两位都是饱学之士，博古通今，在下辈面前没有架子，乐于跟子侄辈谈诗论文，无意中成了"师长"式的人物。洪禹平先生在文章中写道"大伯从来没有摆出长辈或老师的架势教导我什么，而纯粹是闲聊。比如说起胡适和鲁迅的书时，他会幽默地笑着说：'胡适我不识，鲁迅勿晓的！'于是挑起我跟他争辩文言与白话的优劣问题。"

关于其三叔洪公达先生，洪禹平文章中也有生动的描述："他为人温良通达，博览群书，对古诗文和新文学都很熟，尤熟读鲁迅的作品。他极

记
忆

善言谈，有讲不完的故事。每逢过年过节他回乐清市，我辈兄弟姐妹一大群总是环绕着他，要他讲故事。我后来才知道，他讲的故事都有出处，但都经过他的改编，使之适合我等少年人欣赏。比如有的故事来自托尔斯泰的作品，那是比较难以改编的，他都改编得很好。"洪水平先生曾说过，父亲讲得最多的是《聊斋》《三国演义》《水浒》及《西游记》中的故事。因此，他垂髫之年便已接受文学经典的影响了。另有意思的是，水平先生还继承了乃父健谈之风。他阅历丰富，世事洞明，加之读书又多，故信手拈来皆为谈资，常常妙语如珠，令人解颐之余，又若有所悟。

在洪宅大院里，这些来自叔伯辈的影响，有时甚至超过父母；加上家族兄弟之间横向的影响，形成了世家大族中特有的一种文化气氛，用一副中国人耳熟能详的对联来形容，即"忠厚传家久；诗书继世长。"

如果我们把视野放大，这种现象存在于民国时期诸多世家大族。其结果是，一个家族中往往会出现人才的"集群"现象，即兄弟几人个个成就卓著，像陈寅恪三兄弟，钱氏家族诸兄弟，绍兴周氏三兄弟等。倘再往上溯，便是曹氏三父子、苏氏三父子等。但一九四九年以后，这种现象不复出现。

再回到这帧照片。洪氏八兄弟中八个人中命运最为跌宕的是洪水平和洪禹平二人。从洪水平先生的文章中可以看出，他俩的关系亲如同胞手足。八兄弟中也只有他俩参加革命，即当时的浙南游击队。并且，他们俩解放后的命运也十分相似：一个被打成反革命发配金华劳改农场劳改；一个回原籍乐清到生产队参加农业劳动，干过打渔、补鞋之类的营生，"文革"中还坐过牢。但即使如此，他们终生保留了好读书的习惯，并且都成为作家。洪水平先生今年九十三岁，每天习书法，写作，七十岁出版第一部长篇小说，至今已出了十多本书。不过，后生如我辈，或许仍会自作多情地假设：如果他俩当年换一种选择，后来又会如何？

今天，照片中这八位少年，除了洪水平先生一人还健在之外，其余均已去世。而透过他们稚气的面容，还有洪水平先生的这些文字，我们分明感受到：曾经显赫一时的洪氏家族到他们这一辈已经没落了。不然，天资过人的阿骏不会因身患肺病无钱医治而早夭。因此，这幅摄于八十年前的少年们的合影，或许可以名之曰"最后的世家子弟"。

　　只是教人不免猜想的是——一九三三年或三四年的那一天，洪氏家族的长辈召集族中八个小辈摄此合影，是否也有冥冥中的历史预感？

　　而照片中人的下一代，更因为时代的动荡和父辈的遭际，不少人连读书上学的机会都没有。只有少数人凭藉个人努力和天资，恢复高考后进入大学读书，毕业后出国留学，成为美籍华人学者。

　　世家子弟今何在？——"世家子弟"作为一个文化物种，已经无可挽回地消亡了。自然界有千千万万个物种，其中某个物种的灭绝会影响到整个生物链。而"世家子弟"的消亡又会对一个时代，乃至一个民族的文化产生什么样的影响？

　　答案或许不难寻找。

求学路上师生缘

郑宗珪

我小时候生活在民国年间，在未进学校学习之前，先在家接受父辈教育，教读《三字经》"人之初，性本善……"及选读《古文观止》中的短篇《陋室铭》"山不在高，有仙则名；水不在深，有龙则灵。斯是陋室，惟吾德馨……"，要我朗读、背诵，当时并不理解，只是死背，背得很熟而已。

到了八九岁时，家里才正式送我到学校读书，先是在本地（平阳）灵峰初级小学就读。学校设在灵峰山前的寺庙里，老师经常只有一位，有时两位，学生不多，旧社会重男轻女，所以女学生更少。

我印象最深的是有一位同学名叫陈思杯，上林人，很聪明，他的算术成绩全校最好，当时我就很佩服他，可惜不知他后来的去向。

读到四年级初小毕业，再到灵溪读高小，当时校名好像是"南港区立灵溪中心小学"简称"灵溪小学"。我家在灵峰，距离灵溪十华里，因此要在学校住宿，做住宿生。

我的小学

灵溪中心小学是所完全小学，从一年级到六年级全有，所以当年在我眼里很伟大。

首先是规模大、班级多，同学多老师多，有大操场有大礼堂；其次是教学进程比较规范，好比说，每个星期一早上第一节课，都要在大礼堂做"纪念周"。大礼堂门口上方悬挂大横幅，上书"忠孝仁爱信义和平"八个大字，是谓"八德"；在大礼堂内，左右两侧墙上则书"礼义廉耻"四个大字，是谓"四维"。大礼堂坐北朝南，北面墙上正中挂着孙中山先生遗像，下面是正楷书写的"总理遗嘱"即孙中山先生遗嘱全文。纪念周开始时由一位老师当司仪，校长当主席，仪式隆重肃穆。

另外每星期六下午最后一节课是"周会"，全校同学照样集中到大礼堂按班级列队站好，由值周老师主持讲话，总结本周情况，对各个班级进行点评，然后散会放学。但轮到值日的同学要做好打扫清洁工作，经老师查看认可后才能回家。这种方式我认为不错，后来读初中、高中也都有"纪念周"和"周会"这个制度。

在灵溪小学读的是高小阶段，课程内容有国文、算术、常识、体育、音乐、美术等课。国文课内还有练写毛笔字，主要是临"柳公权""颜鲁公"，任择一帖，写在毛边纸的本子上，呈交老师披阅，老师用朱笔在你写得好的字上圈一圈，在不好的笔划上改一改。

我的国文成绩较好而算术成绩较差。记得有次算术考试差两分不及格，我跑到教我们常识课的梁老师房间里哭了，因为梁老师的孩子和我要好，是同班同学。梁老师看我眼泪汪汪问"为什么？"我说"算术不及格了"，又问"差多少啊？"我说"差两分"，梁老师笑着摸摸我头说："别哭别哭，我去和王老师商量一下。"结果教我们算术课的王育勋老师（也是教导主任）决定给全班不及格的同学补考一次，并要我好好准备，于是补考通过了。

印象更深的还有一事，而今想起来好笑，那就是当年我们小学生和老师一起吃饭的情况。那时一日三餐师生共同用餐，餐厅里都是四方桌，用餐时每桌七个人，六个学生和一位老师同桌，学生两人同坐，老师一人单坐，人坐齐了，一位老师喊"开饭！"于是大家动起筷子来，老师说："吃饭时不能谈笑！"于是大家都安静地吃完饭，把碗筷放到指定的地方而后离开。有一次过中秋节，中午聚餐，菜肴特别丰盛摆满一桌，同学们欢欢喜喜鱼贯入坐，和我同桌的是王育勋老师，他笑着说："大家好好吃！"正在大家好好吃的时候，我不知怎么突然打了个喷嚏，把口中的饭粒散射开来，洒满桌面一大片，让大家哭笑不得，我很难为情地放下手中的筷子，而王老师却说："没关系，没关系！"向我笑笑，又说："继续吃，大家继续吃。"一边说一边用手清理掉洒在桌面上的饭粒。这件事虽发生在童年，现在回想起来还是很难为情，对王育勋老师也更加敬重与缅怀。

从瑞中到浙南中学

灵溪小学毕业报考初中，由王育勋老师带领我们到平阳报考。我报了两所中学，一个平阳中学，一个瑞安中学，结果被瑞安中学先录取了。瑞安中学很有意思，由两位工友送发录取通知书，外加一张喜报，两位工友还随身带了一面铜锣，送到家门口时，鸣锣报喜，引来邻居乡亲围观祝贺，家里人更是喜出望外，热情地招待他们，当然也给远道而来送喜的工友一点报酬，时在一九四〇年暑期。

灵溪小学毕业后离开就没有回校过，同学们也各自东西分散了没有联系，惟有曾同桌过的王承惠同学，曾在暑假里一起玩过。记得有次他先到我家来，再从我家出发，两人一起步行到桥墩门的郑宗堃（郑中肯）家，三人同玩扑克牌游戏玩得很开心。他后来转学到鳌江去了，于是失了联系，一直到解放后，我从温州地委农办谢作轼同志处得知他的信息后才联系上，此后信札往来，每当回忆起童年情谊，无不感慨系之。可惜啊！他从浙江省农业科学院情报研究所工作岗位上离休不久，仍在积极从事各项社会公益活动之时，于二〇〇九年十月一日在杭州市中医院不幸逝世，讣告寄来先是未敢相信，继而老泪盈眶，无限哀悼！

一九四〇年暑期过后瑞中开学，家里给我准备了一只小铁皮箱（内放衣物）和一只较大的网篮（内放被褥脸盆等），我自己选好一根小扁担，前头是小箱、后头是网篮用小扁担挑在肩上，就这样步行五华里路到沪山船闸码头乘船。

船闸上游是内河，下游是通海的大江，要等潮水上涨和内河水位平衡时，才可以开闸门放内河木船出江，潮平两岸阔，风帆遂水流，江上行舟约两小时，到达鳌江船埠上岸，再肩挑走路到鳌江至平阳的内河轮船码头，乘轮船到平阳，再肩挑步行至渡口乘渡船渡过飞云江上岸，再肩挑行李到瑞安城内瑞安中学报到上学。平时住校不回家，而寒暑假回家返校，都是如此往返，可见当年求学之路是何等艰苦。

因为当时是抗日战争时期，日本飞机经常要来轰炸，学校为了安全起见，决定下学期即暑假后搬迁到飞云江上游的山区——陶山去，我也随校到了陶山，在陶山学习不到一个月，家里人就来接我回家，说是日本侵略军快要打到这边了，敌机又经常轰炸，这里不安全先回家再说，于是停学回家。在家住了不久，又因为日寇从福建方面入侵浙江北上，为了避难，家人再次送我到凤池山区我的堂妹家。

就这样我休学了一年。

到第二年秋季开学前，父亲说瑞安不要去了，瑞中迁到陶山，交通很不方便，水路要逆江而上，陆路上山更难，还是就近些到平阳去读吧。于是我到平阳投考浙南中学，重新从初中一年级读起。

浙南中学校址，先是在平阳城外坡南的龙山地方，龙山上有座塔，学校就在塔下附近，但不久又为了避难日寇，而迁到平阳九凰山上的半山庵。

在半山庵读书

半山庵是座颇具规模的佛教寺院，位于半山深处，故名半山庵。周围古树参天，林茂蔽空，从外而入但闻钟磬声不见庙宇形，房舍众多，依山而建，层层深入可谓"曲径通幽处，禅房花木深"了。

每日晨钟暮鼓，寺僧集于宝殿，诵经礼佛，般若声声，与我诸同学就各班教室，书声琅琅、弦歌悠悠互为呼应，二者之间和睦、和谐，"和而不同"，不亦诚然可贵乎。

在半山庵读书，学生都住校，老师也住校，学生住集体宿舍，老师住单人房间，门外挂上"OOO先生"牌子（因为当年都称老师为先生）以便学生上门请教或交取作业，所以师生之间联系方便，见面机会也多。

不知从何年开始，浙南中学和平阳中学两校合并成一校，校名为"平阳县立中学"简称平阳中学。校址还是半山庵，到了抗战胜利后，才从半山庵迁回城内原平阳中学校址，并扩建校舍，如今刘公堂就是其中之一。

我从进入浙南初中读到平阳高中毕业，这六年时间是连贯的，在这漫长的六年相处中，师生之间、同学之间，关系密切，情谊深厚是自然的，至今留给我印象深刻的恩师和同学有许多，兹略述几位。

首先是校长俞爽迷先生，他是私立浙南中学的创办者而兼校长，他平易近人，在校务繁忙中经常深入班级走看学生教室、寝室，了解同学们的学习、生活情况，谈话和气，从不板起面孔训人，让同学们敢亲敢近，十分敬仰。两校合并后的校长曾调换过两任，而我读到高三时俞爽迷先生又调任我们平阳县立中学校长了。俞校长的长子俞叙钊是我同班要好的同学，记得有个星期天我留校没回家，他邀我到他家去玩，同去的有两三位，他家在平阳西门后垟，到他家时校长先生亦在家，看见我们来很客气地一一招呼，又让家人煮蕃薯招待，每人一碗，校长先生也手捧一碗，并对我们说："你们也来加点猪油、白糖，和蕃薯拌起来很好吃。"大家笑了也加了，毫无拘束。俞叙钊同学于上世纪五十年代初，参加中国人民志愿军，雄纠纠气昂昂跨过鸭绿江去抗美援朝了，在朝鲜战场上，立下赫赫战功，而后凯旋回国，定居于东北黑龙江省哈尔滨市。我们有鱼雁往来，互致问候。

在半山庵读书时，至今印象至深的是一位生物老师李逸伶先生，他虽教生物一门，但对文史百家也门门精通，讲课别开生面，资料丰富，语言风趣，同学们爱听他的课，也喜欢到他房间玩，听他吹奏洞箫。

李先生不仅洞箫吹得好，昆曲唱得更好，唱起来有板有眼，手舞足蹈，表情多姿，引得同学们拍手叫好，笑声四起。他房间内还挂满从山上采集来的各种植物标本和草药，同学们也都好奇地观看，好奇地提问，老师房间不就是课堂外的"课堂"嘛，各种标本和草药成为生物课的活教材了，真是别开生面。

更别开生面的还有一次，一个星期日，李老师组织部分同学到他瑞安老家参观。他家住在瑞安县城内一条不起眼的小巷里，可跨进家门一看，不得了，偌大一个庭园，园内有假山有池塘，有曲桥流水、有亭台楼阁，一间厢房里还放置着一把古筝，同学们不知是何物。老师即卷起衣袖弹奏数声，幽雅动听，大家才明白这是古乐器，名曰"筝"。在老师引领下游览了整个庭园，大开了眼界。后来知道这庭园是李逸伶老师的先祖，前清武科亚元李松岩公所建，"卷石山房"是也。游览结束，步出门外再回首一看，门墙一侧还悬挂着一方木牌，上书"儒医李逸伶寓所"几个大字，可知老师又是擅岐黄之术、悬壶济世的儒医。同学们带着游兴，踏着斜阳余晖，一路欢歌笑语返回学校。

李逸伶老师平生爱好饮酒赋诗，才思敏捷，时有语出惊人之句，如当年诗中自况"绝处逢生霜下草，苦中有味雨前茶"句。老师驾鹤仙逝后，其遗留诗稿由其哲嗣李森南先生（原台湾中原大学教授）汇编成册，刊印面世，即《李逸伶诗集》。我有幸于上世纪八十年代，在瑞安探望老同学周健等时，于陈霖同志（是我浙干校同学，又是我内人曾静和就读浙江蚕丝专科时的政治老师，毕业于浙大外语系）处，获得森南先生转赠一册，兹录其中有关老师当年教学、生活于平阳半山庵时的诗作，列举两首以飨读者。

半山庵即景

教学林间静不哗，暇时采集作生涯。

高跻每蹑樵夫径，小憩亦趋野老家。

绝处缝生霜下草，苦中有味雨前茶。

晚晴已觉春风暖，芳讯无愆物竞华。

半山庵

古木森森绕翠微，梵王宫殿敞双扉。

泉流曲涧清如镜，阁倚层峦势欲飞。

百八钟声云外彻，二三僧侣月中归。

何时稍辍雕虫业，闲履毗庐著衲衣。

当时教我们地理课的是林愚若老师，他上课时把地图挂在身后的黑板上，当讲到某地名，他转身用手一指，眼睛可以不看，就能指点到所讲的地名位置，同学们都很佩服。有次他当值周老师在周会上作一周情况报告时，说到他巡查过厕所并发现内侧墙报上，有同学题了两句诗，诗云"板峻尿流急，坑深粪落迟"（当时半山庵的厕所都是坐位在楼上，粪坑在楼下，故坑深）。老师说这位同学颇有才华，诗句不错对得工整，但是不登大雅之堂呀！引得同学们哄然大笑。

印象很深的还有教我们初中高中国文的老师，张鹏翼先生、诸葛克明先生、张真园先生，他们都是饱学之士，各有专长，讲课各有特色。张鹏翼老师教初中，他重视朗读背诵，说"读书百遍，其义自见"；教高中的诸葛老师更重视对课文的理解和分析，并强调说"死读书要活应用"；张真园老师教高中国文，讲起课来旁征博引，读起课文声情并茂，有特别强烈的感染力。还记得他教古文《陌上桑》，朗读"日出东南隅，照我秦氏楼，秦氏有好女，自名为罗敷……"时，语调轻快、活泼，课堂气氛和同学们的心情亦轻松活跃起来，而在教杜甫《兵车行》时，当读到"君不见，青海头，古来白骨无人收，新鬼含冤旧鬼哭，天阴雨湿声啾啾……"时，语调沉痛、哀伤，老师的眼泪好像也流出来一样，闻者无不戚戚。

一九九六年春夏之交的一天，我读到当时《平阳今况》始知张鹏翼老师百岁仙逝讯息，惊悉之余不胜哀悼，爰赋七律一首呈寄《平阳今况》编辑，诗云："飞来噩耗泪珠垂，睽隔吾师痛别离。每忆课堂传真谛，常怀严教定固基。品高学富人仰止，书玄诗妙众称奇。旧李新桃齐哀悼，浙南

记
忆

浙北情相犀。"今再献拙，以志远思之情并向诸位请教而已。

平中"四兄弟"

一九四五年秋，抗战胜利，人们欢欣鼓舞，迫切希望能过上和平安定的生活，可是当时在国民政府的反动政策统治下，经济萧条，物价飞涨，民不聊生。在中国共产党的正确领导下，全国各大中城市纷纷发动工人罢工、学生罢课，各界群众集会游行，以抗议国民政府的倒行逆施，在此大局之下，我校学生自治会（简称学生会）在中共地下党的指导下，组织了全校学生罢课集会、上街游行，张贴标语，高呼口号："反对内战，反对饥饿，反对独裁，反对卖国！"这次学潮，大大显示了我校同学的爱国、民主、进步的思想。可是复课后在反动县长张韶舞的淫威下，学校公布"开除"和"记过处分"了一些同学，被开除的其中一位就是与我要好的同学周健（中共地下党员），当时他任学生会主席，而我是学生会干事之一，故也被记过一次处分，但仍留校继续读书直至一九四八年秋平阳中学首届高中毕业。

当年在校住读时，我和周健（鳌江兰田人）、还有汤明晾（江南金乡人）、陈季光（万全人）四人，曾被其他同学戏称为"四兄弟"，我们亲密无间情同手足。周健被开除后，临别前告诉我，他要到革命根据地去，并说到时给我来信，等了很久收到来信，我即按他指定的地址给他复信，告知他学校当年近况并附"送别诗"一首。可从此就断了联系，也不知他能否收到我的信，一直到解放后的一九五四年暑期，因当时我被组织上指定到浙大复习功课半月，以备参加全国高考，于是在一天早晨拿一本书到西湖边的六公园去复习，正巧遇上周健正面走来，真是天赐巧合，喜从天降，两人高兴得无可言状，自此恢复联系了。他回单位即把我当年送别他的诗抄寄还我，现将原诗抄下："骊歌声里忍分离，暗暗销魂各自知。此后龙山仍在念，联床旧话更何期？！"

其他同班同学现已恢复联系的有吴益三（现住温州市区）、黄国定（现住贵州大学）、黄仕弢（现住衢州），还有一位非常要好的同乡同学许统会（沪山江仔河人），他当时于浙南中学毕业后转读平阳师范，毕业留校任教，后又专攻中医中药精益求精，行医济世为民治病，在当地颇有声望。后乔迁至灵溪定居后咬牙在街面开了一间中药店，店名招牌是请张鹏翼老师书写的"○○堂"（抱歉想不起名称）。正当他发挥特长、坐堂施诊之时，不幸染疾，溘然西归。为悼念他英年早逝，我凄然写下四句俗言俚语曰："人生岁月太匆匆，花未老时人已空。必是天公招贤去，不无惆怅忆音容！"

另有一位也曾和我同窗共读、共磋文句，共商作业的好同学汤某某（他的大名想不起来了），但他给我留下了他祖父，江南名士汤国琛老先生赐赠的墨宝"薄海腾欢颂太平"七个雄健遒劲的大字中堂一幅（后来由于那个时代的原因也不知去向了），印象深刻，对汤某同学仍时在怀念之中。

补习班趣事

在中学阶段，每年暑假除了头尾几天在家玩以外，中间约有一个月时间我是要到北港麻步去跟温文甫老先生补习古文的。当年的私塾教育，好比现在中小学生上的课外补习班。

温老先生是我伯父郑梅村先生的朋友，而我伯父在麻步开设有酱园作坊，我可以吃住在那里，这样就方便得多。温文甫先生斯文温雅，面目清秀，银发白须。他家屋前临街，屋后是一大片竹园，修竹参天，绿阴满地。在竹林之中搭建的一间茅房，便是温老先生的私塾了。茅房宽畅，左右开窗，凉风习习，暑气全消，真是我们读书的好地方，内置十来张桌椅，每桌一位学生，上方一桌是老先生座位，先生就坐在那个位置上授课。授课内容没有统一教材，也没有系统讲授，随先生兴之所至，但主要是讲授《论语》《孟子》及《古文观止》选读，有时讲"唐诗"还教对对子。

老先生讲完课，要同学们高声朗读，还要一个一个站起来背诵。如《论语·学而第一》：子曰"学而时习之，不亦悦乎？有朋自远方来，不亦乐乎？人不知而不愠，不亦君子乎？"背不出来，老先生用戒尺(木制品)打手心，背错几个字，就打几下。但实际上老先生很慈悲，戒尺举得高，放得轻，根本不是打，只是虚张声势，警戒而已。

有次老先生讲授《孟子》，说到孟子见梁惠王，王曰："叟，不远千里而来，亦将有以利吾国乎？"孟子对曰："王，何必曰利？亦有仁义而已矣。"老先生解读后提问："孟子为何对曰'王何必曰利？'利有何不好？"要同学在下文两段中找出两句来回答。我当时很快就找到下文这两句：一曰："上下交征利，而国危矣。"二曰："苟为后义而先利，不夺不餍。"老先生听了，大呼"是也，是也！"同学大笑也跟着喊"是也，是也！"

还记得有次老先生教对对子，老先生出上联要同学们对下联，上联是"家中无柴米油盐"，我当时写了两句下联交上，一句是"世上有士农工商"另一句是"天上有日月星辰"，老先生批语：可也，可也。

还有一次很好笑，老先生在讲完《古文观止》中欧阳修的《醉翁亭记》以后，忽然间有位邻居少妇路过茅房窗前，老先生见了高兴，随手在黑板上写了句"邻妇多佳色"，并要同学们对下联。同学一时都说对不出，我也对不出。放学后我回到酱园，刚巧这天伯父从灵峰来到麻步酱园，看到我就问："今天老先生教些什么？"我说:"今天老先生出一个对子，我们都对不出来。"伯父说:"那你说给我听听看。"我说"邻妇多佳色"，伯父随口对上说:"先生真风流"。第二天我去上课，把伯父的话讲给老先生听，老先生听了哈哈大笑。

以上这些情况，是我至今能回忆起来的事情。

当年老师们的教泽雨露，滋润了我的心田，奠定了我一生道德学问的基础，也留下了终生难忘的印象，如今追念师恩，还有如春雨冬阳之感。

肝胆照人似朗月　深情慰我屈华轩

——缅怀戏曲史大家董每戡老师

许翼心

一

南国论交五十年，艰难剧运曾同肩。

才高惯作逢场戏，笔健常挥急就篇。

肝胆照人似朗月，深情慰我屈华轩。

讵知一别成长诀，诗未终吟泪湿笺。

这是董每戡先生在一九七九年一月夜梦田汉时所作。是年五月，董先生返康乐园不久，他当年在四川东北大学的学生郭秉箴和我一道在黄天骥学长的陪同下前往问候拜访。其间我谈到前不久赴京观摩拨乱反正后首届戏曲艺术展演，其中包括在人民大会堂观看田汉编剧的京剧《白蛇传》，并且参加了田汉的追悼会。董先生无限感慨，当即取出《哭田汉同志》的抄件给我。这首诗既是哭田汉亦是写自己。其后，我还多次陪同董先生到剧协开会，前往观看广东潮剧院出国前的审查演出等活动。估不到回中大才九个月，重写浩劫中的失稿计划尚未启动，董先生便撒手西去，为戏曲界留下永远的遗憾！

在一九八〇年二月二十五日中大当局才迟迟宣布一九五七年错划董先生"右派"予以改正的追悼会后，夜不成眠，写了一篇悼念文章，我引用了董先生的《哭田汉同志》，并且以《肝胆照人似朗月》为题，交由一九八〇年第二期的《南国戏曲》发表。

董先生和田汉一样十分关心民间地方戏曲的生存和发展。一九五六年春海丰永丰正字戏剧团来穗汇报，演出了《射郭淮》《百花赠剑》《槐荫别》等传统折子戏，董先生组织中大中文系戏剧研究小组前往观看，并邀请陈宝寿、蔡十二、陈春淮等老艺人前来中大座谈。是年夏天，中国戏剧家协会广东分会成立后，董先生又专程陪同田汉到粤东调研西秦戏、白字戏和广东汉剧以及潮剧等剧种的历史与现状。

此后，董先生和田汉一道运用各种方式呼吁有关部门对于地方民间传统戏曲艺术的关注和扶持，并且很快取得明显成绩：

> ……过去正如各剧种艺人同志们所说的"管（关怀）公不管私，管大不管小，管近不管远"，去年下半期起，粤剧团有许多便成为"公"营的了。远处的潮剧、汉剧和琼剧也成立了省剧团了。这是好现象，也说明领导还是相当贤明的。这之外，我还想为惠阳专区的三个剧种——正字、西秦和白字呼吁一下，其中尤以正字和西秦两剧种，我的未成熟的意见认为是广东八九个剧种中最为古老的……正字戏的古老大家已知，西秦戏的古老到若何程度，连我在

内都不敢肯定。不过我已有了初步的假定。倘使它如我所想，西秦腔那不止是广东的宝贝，而是全国少有，甚至独有的古老剧种……

总之，执行"百花齐放"政策的同志，不能光看重目前的票房价值，如果真能对各个剧种一视同仁予以关怀、扶植，将来任何剧种都会满足你们的票房价值观点的。

——董每戡：《由票房价值谈起》，一九五七年四月二十五日《南方日报》

不久，海丰县的西秦、白字和海陆丰两县的正字剧团便转制为地方国营剧团。次年又将两县正字戏剧团合并升格为地区国营剧团。与此同时，广东省文化局还派出工作小组，拨出专款让三个剧种停演以挖掘、记录、整理传统剧目、唱腔和表演艺术，三个剧种也同样进入"文革"前的黄金十年。

一九六二年三月，中央文化部和全国剧协在广州举行著名戏剧创作座谈会，《羊城晚报》为配合会议专版刊发了由我记录整理的正字戏表演艺术家陈宝寿的谈艺录《求异存同——我演武松、石秀与燕青》。前来主持会议的全国剧协主席田汉读了该文十分高兴，特地约见了正参加大会工作的我，详细询问海陆丰三个剧种以及陈宝寿的情况。田汉表示：我国的民族传统戏曲艺术遗产非常丰富，海陆丰三个稀有剧种我专门看过，陈宝寿的戏我看了几出，的确是个宝，值得好好记录整理。我告诉他，我是董每戡的学生，是在董老师的指导和启发下开始对家乡的三个古老剧种进行调查研究的。田汉语重心长地说："你这篇文章写得很好，把老艺人的传统艺术经验，运用新的文艺理论观点和方法加以记录、整理和总结，提升为理论，新文艺工作者和老艺人相结合。董每戡提出的这条路子走对了。"在了解了我的工作情况和计划之后，田汉表示，他可以建议广东省文化局给我一年半载的艺术创作假，先让我下剧团边看戏边聊天，先将陈宝寿的艺术经验汇录整理出来。可惜，不久便停演古装戏，编演革命现代戏，而我当时已记录和初步整理成文的几大笔记本的文字，也在文化浩劫中被当作"四旧"付之一炬！

二

理论与实践相结合，这是董每戡先生的戏曲史论的最大特色，新中国成立后，董先生热心参与戏曲改革运动的实践。早在湖南大学时他便被聘为湖南省戏曲改革委员会的副主任。一九五三年来到中大以后，董先生仍然获聘广东省、广州市戏曲改革委员会。他是以戏曲史家的身份参与组织和指导戏曲改革工作的。同时，他又以戏曲改革的实践作为调查研究的过程，从而验证并丰富自己的戏曲史论。这在他这期间所发表的一些剧评和文章中都可以看得很清楚。比如对于西秦戏的观察：

> "秦腔"，在广东干戏改的朋友，值得注意一下，我们不是有个剧种叫"西秦戏"吗？过去我曾"望文生义"，以为是西北的"秦腔"——山陕的梆子。去年陪田汉同志去听了，我勉强听出每段尾句有点秦腔味，田汉同志说有点像安徽的"倒域"。因我未听过"倒域"，不敢肯定。现在我的想法（完全是暂时的假定），以为"西秦戏"就是"西秦腔"，倘他是，它的源远是可追溯到"秦腔"，就是"西调"（即乐府诗集中的"西曲"），近源就是产生于湖北的西皮二黄并用的腔。这完全是假定，不一定可靠……。
>
> ——董每戡《多争取一些剧种来广州演出》，一九五七年四月七日《南方日报》

董先生严谨的实事求是的治学态度，和对西秦戏、正字戏等古老剧种的历史渊源的初步看法，对于我们此后从事地方戏曲剧种研究具有指导性和参考性的实践意义。

为了更好地参与戏曲的改革实践，董先生组织中大中文系的一些青年教师和学生成立一个戏剧研究小组。同时，他还争取到编写《广东地方戏曲剧种》的课题，并且同广东人民出版社签订了出版合同。记得当时参加编写组的有黄天骥、余懋盛、夏曾明等学长，我分工执笔正字、西秦、白字等海陆丰三个剧种。利用寒暑假分别下去进行调查研究。可惜书稿尚未写成，董先生便在那次"阳谋"中被错划成"右派"，计划胎死腹中。

对董先生的指引和嘱托我一直未敢忘怀。从中大毕业后，我到广东省文化局戏曲研究室工作，继续进行地方剧种的调查研究，并且在一九六一年写出一份《海陆丰的三个剧种》的调查报告（附录各剧种的唱腔音乐、主要剧目和角色行当的简表），作为艺术研究资料付印供内部交流。

时隔近半个世纪之后，二〇〇六年我国开展"非遗"项目的申报，我退休之年又被"发掘"出来帮助海陆丰三个剧种撰写申遗报告。跟着中大中文系在全国率先建立中国非物质文化遗产研究中心，并且获得教育部重点项目"广东省稀有戏曲剧种研究"，我有幸被聘请为项目顾问。之后，汕尾市委组织编纂《海陆丰历史文化丛书》，聘请我为学术顾问、丛书副总编兼珍稀戏曲剧种卷主编，我也顺理成章地约请上述课题的几位博士生为特约撰稿人，并聘黄天骥、康保成为学术顾问。经过几年的共同努力，总数为五十二万字的《海陆丰珍稀戏曲剧种》终于在二〇一三年由广东人民出版社正式出版，总算是完成了董每戡先生的遗愿，可以告慰先生在天之灵！

二〇一七年六月十七日

忆父辈的诗友

王则楚

　　近日，在永昌堡（我们家宗祠）后人的群里有人发了夏承焘先生写给施蛰存的一幅字，内容是父亲（王季思）论诗的一段话："山谷谓，作诗如作杂剧，临了须打诨方是出场。其和子瞻戏效庭坚体诗，我诗如曹邻，浅陋不成，邦公如大国楚，吞五湖三江，皆能诗。言结云，小儿未知客，或许敦庞，诚堪阿巽买红缠酒缸，则打猛诨出矣。"勾起了我对父亲与亲人、友人诗词来往的回忆和思考。在父亲一百一十一岁诞辰和去世十一年之际写下来，做个备忘。

　　温州是山水诗的发源地，诗词歌赋和南戏一样，在温州人的生活里是一个有机的组成，在文人墨客来往之中都有许多记载。我们家的祖上有许多的诗文和戏曲故事留下来。记得父亲就讲过，戏剧《荆钗记》里，丞相的原型就是我们王家的先祖。清朝平定太平天国农民起义之后，清廷曾经

山谷谓作诗如作雜劇臨了須打諢方是出場其和子瞻

戲效庭堅體詩云詩如曹鄶淺陋不成邦亦如太國楚

吞五湖三江皆然詩言結云小兒未知客或許效龐誠謹

阿巽買紅纏酒缸即打諢譚出矣

夏承燾　寫季思掄詩話應可靖

蟄存先生存

夏承焘墨迹，上款施蛰存

下旨对温州免赋救灾，但府县地方官仍匿旨不宣，照常征赋。曾祖父王德馨（字仲兰）写文章揭露知县陈宝善违抗朝廷，匿旨擅征。被县官派人捉拿。仲兰公越狱逃亡北方，流亡了好几年。归来之后，他在积谷山下的东山书院当山长，面对诗人谢灵运的池上楼与春草池，他吟诗作画，成为一时名宿。他的诗曾被民初大总统徐世昌编入《晚晴簃诗汇》，至今在温州图书馆还留有诗集《雪蕉斋诗抄》。

家传的诗文爱好自然也一直在王家这个书香门第里影响着每一个人。在父亲那一辈里，父亲的大姐夫陈仲陶是南社成员，和柳亚子先生都是同期的南社活跃分子。他与温州刘节的父亲都有聚会的记录。他的《剑庐诗钞》有柳亚子的题词："豪气元龙百尺篓，瓯江江上旧风流。一门更喜都人杰，六秀从来世少俦。"章士钊也题长句一律，其中说他"吐纳众流成别士，推排细律作词人"。他在重庆的时候，还收了民国第一侠女，为报父亲被割首示众之仇而亲自开枪打死孙传芳的施剑翘为徒，成为诗坛佳话。父亲在《剑庐诗钞》的"后记"里承认：我青少年时期写的诗文经常得到他的指点，他后来写的诗词也往往抄给我看。这种家传的诗风，也使父亲得以交会了许多诗友。

前面提到的夏承焘就是与父亲有深交的诗友。他们的交往可以追溯到少年时代，这些来往在父亲的书里、夏承焘的日记里，以及其他的一些文章里都有提到，但最集中、最有影响的还是一九五七年一月父亲邀请夏承焘先生到广州中山大学交流的那次活动。整个活动，以及和中山大学中文系教授的交流都有详细的报道。我当时只是一个十一岁的小学生，大人之间的学术交流我是不了解的，但家里准备宴请夏承焘先生的美味佳肴倒是记忆深刻。那天，妈妈是特别用心地安排父亲和夏先生之间喝酒的菜，一般的凉菜当然有，但温州的鳗鱼片夹肉我记得就吃过这一次。那是头天晚上就把鳗鱼干泡软了，热后斜斜的切成薄片，和水煮熟的五花肉凉冷了切成薄片，梅花间竹地放在盘里，再上蒸笼蒸熟，放到温热才端上桌。那在厨房里的香味，就已经让我忍不住偷吃了。那天是父亲五十三岁的生日，饭前，爸爸请夏承焘先生书写他自己撰写的对联："三五夜月朗风清，与卿同梦；九万里天空海阔，容我双飞。"这是父亲描写他和母亲爱情的一副对子，母亲也特别喜欢。那红底宣纸上是撒着碎金点的，铺在家里的饭桌上，父亲把书房里的笔砚拿过来，父亲亲自研墨。后来，我还去帮着研墨。夏先生写到"卿"字之前，母亲也过来观看，对"卿"字，母亲提出改为"子"字，夏先生遵嘱写下。字裱好之后就挂在家里的饭厅。我一直记得写的是："三五夜月朗风清，与子同梦；九万里天空海阔，容我双飞。""文革"前在北大的政治学习的思想汇报里，我还说过这副对子，说是资产阶级知识分子的父亲想让我们成为他们的孝子贤孙。此汇报还被高年级的同学看到，很羡慕地抄下这副对子。到底哪个才是真的？近日，则柯哥哥在回忆文章里也肯定了是"子"字。并且抄录了夏先生的《天风阁学词日记》，在夏先生的日记里写明是："午饮季思家，是其五十三岁生日。属写一联曰：三五夜月朗风清，与子同梦；九万里天空海阔，容我双飞。其夫妇二三十年前故事。"一年之后，母亲因病去世，一字之改，深深地把母亲对子女的母爱和希望父亲能够与子女同梦的爱情化在了这个对子上了。可惜，"文革"之后再也没有找回这副对子。

我记忆里，在搬到东南区一号之后，书房布置好之后，父亲给自己的书房命名为"翠叶庵"，请商承祚先生的父亲、清末健在的探花商藻庭（衍鎏）先生为之书写。我随父亲到过他们当时居住的东北区许崇清校长府邸坡下的家，进门就能够看到案桌上玻璃罩着的御赐宝剑。不久之后，就看到父亲书房圆拱门上挂着这个竖写的牌匾。

此外，父亲的藏画里黄宾虹的一幅《翠叶庵读曲图》，这是黄宾虹先生应父亲的要求而画的，并从杭州寄来羊城。父亲收到之后，当即写下

《洞仙歌》词一首作答，谓"黄宾虹先生自西湖巢居阁写寄《翠叶庵读曲图》，赋此答谢"：

> 西楼倦卧，任榕阴移昼，梦想阑干压金柳。
> 费经营，凌溪一桁轩窗，帘卷处万壑千岩竞秀。
> 巢居阁子里，一老婆娑，湖上阴晴几翻覆！
> 头白喜春来，腰鼓秧歌，想画里长开笑口。
> 愿把酒为公祝长年，看劫后湖山，重铺金绣。

为此，父亲还专门请詹安泰先生书写该词来配在画头。詹安泰先生在书写之后的说明里写道："一九五〇年一月，黄宾虹先生为季思兄写《翠叶庵读书图》自杭州寄来羊城，季思赋此词谢之，而嘱余别书一通以配图，词自佳妙，惜余书拙劣，不免佛头着粪之诮耳。"

在反右之前，毛泽东诗词也已经发表，而且还有和柳亚子先生之间的唱和。内地知识分子在那段比较起来几乎最好的日子里，享受到比较宽松的"早春天气"，互相之间的诗词唱和也是比较多的。中山大学里也一样，例如一九五七年四月一日，广州京剧团来中山大学演出，演出以后，演员与教授欢聚一堂。陈寅恪先生非常高兴，写了三首绝句，送"祝南、季思、每戡先生一笑"。陈寅恪的诗和三位教授的奉答之作，均刊登在其后的《中山大学周报》和《南方日报》。

我还记得小时候，跟着父亲在一九五六年的十一假期，晚上和董每戡、詹安泰还有另一位教授，在中大北门叫了个小艇，从北门划到黄埔岛再划回来。四位教授在艇上就着艇家的新鲜鱼、蟹、虾、蚬，吟诗作对，喝酒至父亲大醉而归。

反右时，董每戡先生由于在陶铸召开的座谈会上的发言、詹安泰先生

公子无肠不解愁江湖豪
气总孤傲横行郭索空
千里直吐璇珠泻九秋八
斮有时倾泻浮圆之符何
日属监州平生玉质真和
已换泥尖螯妙句投
余章年咏蟹诗作于一九
一九年距今已五十有九年
矣季思出示舞白石所绘之
群蟹图属为题记乃书以
塞责并博粲正
一九七八年一月商承祚

商承祚墨迹

由于在政协会议上的发言，竟然被打成右派。詹安泰这位饶宗颐先生的老师、诗词成就非常高的广东学者，因而早逝于"文革"之中，实在令人惋惜。"文革"后，黄宾虹的画和画上詹安泰先生书写的父亲写的词裱在一起，直到父亲去世，都一直挂在家里的客厅，后为大哥所收藏。父亲的词也编入了大哥整理的《王季思全集》里。自反右之后，我所见到的教授们之间的诗词唱和就少了，一是父亲北上北京大学讲学和编辑《中国文学史》，二是一九六三年他回中山大学，而我却北上北京大学读书，彼此交集很少，也再难见到诗词会友的场面了。

打倒"四人帮"，父亲是诗兴大发，写有不少诗词，来表达他对打倒"四人帮"的高兴和对改革开发的支持。当时，许多人把"四人帮"看成横行霸道的螃蟹，父亲又是最喜欢吃螃蟹。即兴写下了《齐天乐》：

> 四凶落网，普国欢腾，持螯把酒，共庆胜利。
>
> 潮回暂落吴江水，尖团一时俱起。泽畔横戈，泥中拥剑，喷沫都成毒气。
>
> 秋风渐厉，看汝辈横行，为时能几？竹篓禾绳，元凶行见骈头死。
>
> 玻杯兴来高举，劈双螯一盖，连呼快意！
>
> 海市烟消，蜃楼泡灭，玉宇澄清无际。
>
> 豪情万里，正月到天心，潮生眼底。料得明朝，丰收歌"四喜"。

他特意把这首词，抄寄给上海的三弟王国桢（我的三叔）。三叔还特意请人书写了保留下来。

一九七八年一月，父亲向商承祚先生出示"文革"之后尚存之齐白石所绘的《群蟹图》，还请商先生为之书写了童年所作的咏蟹诗，装裱在画顶。

至于那篇在政协会议上即兴写的讽刺向钱看的《水调歌头》，调侃地写到"我亦万元户，年年爬格子"，见报之后，不时被人提起。"文革"之后，教师节，父亲也写过词，请商承祚先生书写，发表在中大盟讯里。那些复印的底稿，在家里的废纸堆里，我看到过。

父亲晚年，更多的是与王越先生有诗词歌赋的来往。一九八三年王越先生寄来他的诗集，父亲回信："论诗绝句对前代诸名家大家，不是一味拜倒，而是一分为二，分析批判。一年多来夏承焘论词绝句，苏仲翔论诗绝句，先后出版。他们都是一代专家之学，诗词功力，兄或有所不及，胸襟见地，兄实过之，不悉以为然否？"

一九九三年十二月二十六日父亲写了《鹧鸪天》：新岁将临，沉阴放晴，东廊曝日，喜而成吟。

> 万里晴光透碧霄，寰球渐见息烽飙。
>
> 朝阳软似黄绵袄，淑景鲜如五彩绡。
>
> 人意好，岁收饶，同心为国看今朝。
>
> 持盈防腐归中道，珍重中华百炼刀。

父亲嘱我抄好寄士略（王越先生的号）学长指正。

一九九四年一月二十九日，父亲还亲笔写下《甲戌新春抒怀》（又一首）：

> 贺卡联翩到枕边，谢天放我老来闲。
>
> 窗前花影无心顾，楼外莺歌不费钱。

春意好，物华鲜，江山词笔两坛妍。

爱他逐日追风客，掷杖成林又一年。

近词录呈士略学长一笑。

一九九四年三月二十九日，根据父亲与我和董上德老师的谈话整理出来的父亲文章《说"服老"》在《羊城晚报》上发表。里面写到："不服老"是空话，"老当益壮"是空想。一个人由少壮而衰老是自然规律，哪里有老当益壮的呢？廉颇老年并没有为赵国再立战功；马援到了五溪蛮以后，看到那里气候环境的险恶，羡慕起他弟弟在故乡的悠然自得，并没有真正的不服老。至于文学作品的句子，曹操写《步出夏门行》这首诗时不过四十岁上下，并没有到暮年；王勃写《滕王阁序》时不过二十岁左右；往往带有理想的色彩，并非自己亲身经历。

王越先生看到之后，专门写了诗《读"服老"篇》："服老不服老，如何为怀抱？孔丘常发愤，不知头白了。生入玉门关，班超见机早。圣哲与英雄，殊途同归好！"寄给父亲。

看着父亲签名、大哥手写的一九九四年给王越先生的信，里面写到："我和兄青年时在南京同学，南来广州后，又在中大、民盟共事多年，诸蒙照扶，两家子弟也亲如手足。则柯、则楚在中大附小多蒙超心照料，得以有成。"

现在想起来，这样的日子已经随着这一辈诗人的离去，再也不会回来了。但愿我们这些不学文科的儿辈能够慢慢体会他们的诗友情谊，记下来留下记忆。

赵瑞蕻：九叶诗派根本不存在

——从赵瑞蕻致吴奔星的信说起

吴心海

二○一一年五月十八日上午，应邀去南京卧龙湖国际社区山顶会所，参加赵蘅大姐作品《宪益舅舅的最后十年》研讨会，我在发言中提及了这么一段内容：

> 再说说更早一点的时候，当时我们家还在徐州，陪父亲到南京参加省作协一个活动吧，有幸和赵蘅大姐的父亲赵瑞蕻老人同车，当时还有杨旭先生，他们俩头发都是往后梳的那种，一个说我像不像拜伦，另外一个就说我像不像雪莱，诗人气质横溢，这个印象非常深刻。我这次来还把赵瑞蕻先生于一九九七年、一九九八年、一九九九年写给我父亲的三封信带给赵蘅大姐。（见《开卷闲话七编》，上海：上海辞书出版社，二○一三年）

在这三封信里，有一封写于一九九七年六月三日，内容涉及"九叶诗人"，是相当珍贵的文学史料。我几年前偶尔向方韶毅兄提及此事，致力于温州乡贤文史资料研究的方兄颇感兴趣，当时就鼓励我整理出来，并写一段介绍文字。这几年来，方兄催促了几次，但我一直没有动笔，并非事忙或忘记，而是不知如何下笔。前不久，方兄再次表示，他主编的杂志将"虚席以待"拙文，如此，我再没有理由拖拉下去了。那么，就先看看此信的内容好了：

奔星兄：

前天在南师大北边墙外街上（我不知叫什么街了）巧遇，见你还是那么健康；经常又在报刊上拜读大作，你精力还是那么旺盛，真是高兴！最近读了你关于艾青散文美的文章，很有同感，论述得极好，得益很多很多。

我作关于穆旦的回忆散文，承赞许，十分感谢。其中关于所谓"九叶诗派"一点（见《钟山》今年第3期第190页第2段），发表后可能会引起一些争论。但我一直坚持自己的观点，认为这个"诗派"是人为臆造的，即本来根本不存在，不成立的。我听说你对此"派"老早已有意见，也是很不以为然的。我们有共同的见解了，很高兴。不久前，我在上海《文汇读书周报》（1997年1月4日版）上读到《续清华园感旧录》（作者鲲西，亦西南联大同学，我不认识）一文，其中谈到：

八十年代初人们根据当时若干人诗编成的合集，并不代表相同的诗派，其中也不是完全同一辈的人；而且客观上对于后起的诗也未产生什么影响。更后的新诗人，是在对于生命和生活极端痛楚的深思中脱颖而出，那种气势又和四十年代人迥然不同了。

这里所谈还是指所谓的"九叶诗派"，不过，未直接点明就是

吴奔星和赵瑞蕻（左）

了。我也很赞同他的观点。所论甚是。不知你看到没有，特抄录一段，便请过目。我以为一个文学流派的建立是很不简单，极不容易的。评论者也决不可人云亦云。

匆匆。期待着拜读你更多的诗论大文。

祝健康长寿！

多多保重！

瑞蕻
1997年6月3日

因忘记你住处门牌居室号码，这封信只好寄你系转交了。问候系中熟人老友。谢谢。又及。

　　读完这封信，有的朋友可能就明白我如此长时间不知道如何下笔的缘由了。赵瑞蕻先生在给我父亲吴奔星的信中断言当时一段时间以来一个炙手可热的诗歌流派"根本不存在，不成立"，这是要得罪多少研究新诗流派的论者，砸掉多少人的饭碗啊！这么一封信的介绍文章，的的确确是下笔维艰啊！

　　不过，历史就是历史，是不能"人为臆造的"，而真理确乎可能掌握在少数人的手里。赵瑞蕻先生身为二十世纪四十年代中国现代新诗的耕耘者，作为诗人穆旦西南联大的同学，对当时的新诗格局及流派，是有很大的发言权的。

　　赵瑞蕻的信中，提及了他发表在《钟山》杂志上的回忆穆旦的散文。《钟山》杂志的文章我手头一时无法找到，只是在赵先生的《离乱弦歌忆旧游》一书中看到写穆旦的文章《南岳山中，蒙自湖畔——怀念穆旦》，从写作时间看，应该是同一篇文字，其中表示：

笔
记

穆旦的思想是高超的，艺术是富于独创性的。他的现代主义是和爱国主义结合着的。穆旦就是穆旦，他不属于任何流派，我一直认为，把穆旦归入一个本来不存在而勉强凑合的所谓"九叶诗派"，或称他为"九叶诗人"是极不合适的。甚至是很可笑的。关于这点希望有机会另文论述。（武汉：湖北人民出版社，二〇〇八年二月第七版，页一三二至一五二）

很遗憾，我至今没有找到赵瑞蕻先生论述穆旦不属于"勉强凑合的所谓'九叶诗派'"的"另文论述"，或许是因为他心脏病突发去世，而没有机会完成这个心愿吧！

至于信中提及我父亲吴奔星对"'九叶诗派'老早已有意见，也是很不以为然的"这一说法，应该就是先父在其主编的《中国新诗鉴赏大辞典》（南京：江苏文艺出版社，一九八八年）序言《中国新诗的流派与流向》中的一段话：

四十年代初期的新诗，在桂林、重庆有引人瞩目的"七月"诗派。他们是一群坚持现实主义并适当融合现代派诗风的爱国反帝诗人。到四十年代后期，在上海又出现了一些博采现实主义与现代主义之长，糅合象征诗派的手法的诗人，既关心祖国的苦难，也表现自我的情怀。他们于1947年7月由曹辛之臧克家等集资创办了《诗创造》杂志，其中有曹辛之、王辛笛等九位诗人，到了1981年，编辑一本《九叶集》出版，但他们的风格各不相同，只是以感情相结合的诗人群体，不算新诗流派。今天有些论者以为四十年代就出现过"九叶"诗派，实为误传。

先父的这段文字，早于赵先生的写信时间九年，因此赵先生的"老早"之说应该成立。二〇〇三年，叶德浴先生在《黄河文学》第一期发表论文《"九叶"私观》，开头就引用了先父上述文字，然后表示：

> 这是敢冒天下之大不韪石破天惊的一笔。
>
> 自从1981年由曹辛之等人编辑并由袁可嘉写了序言的《九叶集》出版之后，一些新潮文评家就欣然承认了"九叶"诗派的存在，高等院校的现代文学史教材，也郑重其事地把它作为中国现代诗歌流派之一加以介绍。现在，居然有人提出不同意见，值得研究。
>
> 如果我们认真翻读"九叶"当时的诗篇，就不得不承认，吴奔星并非感情用事，他是有相当根据的。

叶先生认为，文学史上任何一个可以被称为流派的创作群体，他们的创作至少必须具有这样两个方面的内部同一性：一个是思想倾向的同一性，一个是艺术倾向的同一性。经过他的一番举例分析，被称为"九叶"的创作群体，并没有这两个方面的同一性，因此，他的结论是：所谓二十世纪四十年代后期，国统区的诗坛上曾经出现过一个"九叶"诗派，只是一场历史误会。叶先生的文章比较长，例证不少，不能一一引用，对此有兴趣的朋友，不妨自行查阅。

赵先生信中还有"我以为一个文学流派的建立是很不简单，极不容易的。评论者也决不可人云亦云"这么一句话，并非无的放矢，而是意味深长的。因为先父是大陆最早研究现代文学流派的学者，早在一九八〇年四月就在《文学评论》上发表了一九四九年后大陆第一篇研究现代诗歌流派的文章《试论新月诗派》（初稿完成于五十年代中期，本应发表于一九五七年《文学评论》的前身《文学研究》，因反右运动爆发而临时撤稿），并在《社会科学战线》一九八三年第三期发表过重要论文《关于识别文学流派的几个关系问题》，从八个方面阐述了文学流派形成的要素。赵、吴二人相识、相交于五十年代的南京，又在八十年代先后担任江苏省鲁迅研究学会的会长，赵先生对于先父的识别文学流派的见解不可能不知，上述的那句话，不但是对"人云亦云"评论者的鄙夷，也是对有"共同的见解"的老朋友的理论建树的声援和支持！

关于"九叶诗派"命名的随意性，新诗研究论者霍俊明的一本专著中透露了颇有意思的细节：

> 唐湜讲到当年在编选《九叶集》时，主要是在北京的几位西南联大诗人在70年代末期就开始发起的，并且在唐湜知道此事之前已经选出了初稿。在那个初稿中，一些后来被称为九叶诗人的几位如唐湜、郑敏和曹辛之等根本就没有被考虑进入这个初稿，是他和另外一些诗人坚持的情况下才后来加进去的。确实，"九叶诗派"这个以人数命名的略显"狭隘化"的新诗史概念容易导致诸多误解，它在一定程度上排斥了这九人之外而又有着密切联系且风格相近的诗人。那么，既然"九叶"不是指这九个人而是远远超过这个数字的更为庞大的集体，那么用"九叶"来命名显然就有不合理性。
>
> （《变动、修辞与想像——中国当代新诗史写作问题研究》，台湾新锐文创，二〇一三年，页一〇九至一一〇七）

关于这种随意性，中国新诗史家陆耀东为罗振亚《朦胧诗后先锋诗歌研究》一书作序时曾明确指出：

如所谓"九叶派"是20世纪80年代一些学者图简便随意取的，但毛病百出。在1981年以前，任何人的文字中无"九叶派"字样。在《中国新诗》上发表论著的35人，有两代人，冯至、卞之琳等是师辈；以诗风分，未收入《九叶集》的诗人诗作，如方敬、李瑛、马逢华、杨禾、方宇晨、羊翚、鲁岗、孙落、南缨的诗，与《九叶集》都有相似之处，唐湜先生说："他们都应该与我们九人一样的成员，其中有几位，如方宇晨，诗的现代风格浓郁得接近于穆旦。"我以为用"九叶派"来指称《中国新诗》作者群或20世纪40年代现代派，不妥。

（转引自陆耀东著《八十初度》，文化艺术出版社二〇〇九年，页八九）

邓招华二〇〇〇年曾在《现代中国文化与文学》第六辑发表论文《"九叶诗派"质疑》，通过对《诗创造》和《中国新诗》两个刊物的作者和作品的分析，得出如下结论：

> 《诗创造》是一个作者群体庞大的刊物，通常人们所说的"九叶诗人"的创作份额只占很小比例，而穆旦、郑敏、杜运燮、袁可嘉等没有在其中发表诗作，可见，《诗创造》不但不是一个现代主义的诗歌刊物，而且也不是"九叶诗人"集中发表其作品的刊物，更不是一个新流派得以诞生的刊物。
>
> ……
>
> 《中国新诗》的作者面较《诗创造》狭小，提高了选诗标准，质量也较《诗创造》高，但仅存在5个月的《中国新诗》也难以承担起一个所谓新的现代主义流派得以诞生、成长的重任。并且，穆

旦等成熟的诗人，其诗歌现代主义品格的形成与《中国新诗》没有任何关联。当人们以《中国新诗》等为起点来追溯"九叶诗派"的起源之时，显然是极大地简化了历史，将《中国新诗》这个昙花一现的刊物的意义进行了不适当的放大与扩张。……《诗创造》《中国新诗》等并不是一个流派刊物，也无力支撑一个现代主义诗歌流派的形成，更不是"九叶诗派"诞生的渊源。

文中提及穆旦的一段文字，和赵瑞蕻先生对穆旦的评论不谋而合。我不知道邓写此文前，是否看过赵先生的回忆文章而得到启发。当然，也有论者指出，邓招华的辨析虽然号称"力图从最基本的史料和历史文本入手"，却暴露了不少遗漏错讹，质疑也就大打折扣了。他认为，邓的问题主要有如下四点：

其一，不知江天漠、胡双城、林棘丝、杭约赫均为曹辛之笔名，只计算了杭约赫而遗漏了前者；其二，未将"外几首"之"外"统计在内，造成数字失实；其三，唐湜的《华盖·古砚教授》为两首诗，被算作一首；其四，忽略诗论、诗评、译文，其实这些与流派的关系和创作一样重要，即使要力证其"无"，也不该有意无视这些史料。

（张岩泉《20世纪40年代中国现代主义诗歌研究 九叶诗派综论》，华中师范大学出版社二〇一二年，页四）

邓文中的这些问题确实存在，但这几个数字问题占比不高，不足以推翻其《"九叶诗派"质疑》一文得出的最终结论。

其实，名列"九叶诗人"之一的郑敏，二〇〇四年在和李润霞的一次访谈中也否认"九叶诗派"的存在．她说：

> 没有什么"九叶派"。就是因为出了一本《九叶集》，就叫我们"九叶派"了。当时我们互相几乎都不认识。我们都不同系，不同年级。当时有的倒通过信．但是没有见过面。
>
> （见郑敏、李润霞《诗与哲学的起点——郑敏访谈》，《新诗评论》二〇〇五年第一辑，北京大学出版社二〇〇五年四月）

走笔至此，突然想到，如果读了此文中赵瑞蕻先生对"九叶诗派"的质疑，有兴趣多了解一些情况的读者，不妨去看看辛笛的《试谈四十年代上海新诗风貌》，这是诗人一九八一年十二月随中国作家代表团赴港参加香港中文大学举行的"中国现代文学研讨会"上的发言，发表于《诗探索》一九八二年第三期。辛笛先生的发言写于一九八一年十一月，时间在《九叶集》出版（一九八一年七月）之后、"九叶诗派"的概念提出之前，这个时间节点诗人的说法相对客观。

耐人寻味的是，尽管辛笛此文的开篇即指出"回顾我国五四以来的新诗运动中各种主要的流派，可以说都是在上海发生的"，文章中也对星群出版社及《诗创造》《中国新诗》花了相当的篇幅进行描述，但其最后得出的三点结论，不过是：

> 其一：这一时期上海诗歌的主题和思想内容必然是以现实主义道路为依归，而绝不能是其它。
>
> 其二：在上海诗歌作品中，所有民歌风格，五四以来新诗传统以及外来各种流派影响（从十九世纪西方浪漫主义到象征派诗歌，从惠特曼到马雅可夫斯基等）都各自有所呈现。在体裁上有政治讽

刺诗、叙事诗、抒情小诗等，也是丰富多彩，纷然并陈。从艺术手法上来说，显然要比三十年代成熟得多。

其三：抗战胜利后。在维护民主进步的旗帜下，国统区不少诗歌工作者已形成广泛的团结。仅以《诗创造》和《中国新诗》两个诗刊来看，在这一方面尽了力量。《诗创造》每辑发表属于"初来的"作品约占三分之一以至二分之一。这对于鼓励青年作者，扩大队伍，起了一定作用。今天不少知名诗人都是在当时才开始写诗的呢。所有这些努力，即使在今天看来，仍然是经得起时间的考验而应予以肯定的。

对于四十年代上海诗坛的流派或者流派的雏形，没有只言片语，更不用说专门提及"九叶诗派"了。此外，辛笛文中还提到了为《诗创造》《中国新诗》撰稿的名单：

撰稿者除解放区（如艾青、李季、贺敬之、严辰、田间等）和香港（如邹荻帆等）一时无法联系外，遍及大江南北的知名诗人和大量青年作者，有冯雪峰、王统照、戴望舒、冯至、卞之琳、劳辛、蒋天佐、徐迟、刘西渭（李健吾）、周煦良、冯沅君、戈宝权、孙用、高寒（楚图南）、于赓虞、袁水拍、李嘉、任钧、金克木、臧云远、李瑛、袁鹰、黎先耀、苏金伞、青勃、穆旦、杜运燮、袁可嘉、郑敏、黄永玉、罗大冈、屠岸、张君川、邵燕祥、沙鸥、吴越、陈洛、沙金、刘岚山、丁力、晏明、圣野、莫洛、廖晓帆、陈侣白、陈雨门、柯原、劳荣、方宇晨、杜秉正、孔柔、庄稼、李搏程、穆木天、彭慧、郝天航（鲁凤）、穆歌、吴视、李白凤等。

从这个名单来看，"九叶诗人"以《诗创造》《中国新诗》为阵地，形成"九叶诗派"的可能性有多大，应该不言自明了吧。不过，那些鼓吹"九叶诗派"最力的学者，似乎对位居"九叶诗人"龙头老大地位的辛笛的此文，多半采取视而不见的态度，引用此文者更是寥寥。个中奥秘，颇可玩味。

　　　　　　　　　　　二〇一七年七月二十日至八月十五日于南京

刘基未写"退休诗"

沈洪保

　　近日读《瓯风别册》第二种中一篇《刘祝群的悲剧人生》，文章记述明代开国名臣刘基第二十世孙刘祝群（耀东）的生平经历，作者把这位饱学之士，为乡邑文化做出杰出贡献的开明绅士的方方面面作了详细的介绍，是一篇非常有价值的难得的好文章。

　　文章中有这么一段话："沙发靠着的一面墙几乎被四条屏占满，上面大大的红叉表明了它在破四旧年代的遭遇。这是数年前刘天健从景宁花两百元购得，又花了八百元裱褙而成。发黄的宣纸已被蛀蚀得斑斑点点，有些字也已缺损，但根据上下文还猜得出。大字行书清秀挺拔，写的是一首诗：买个黄牛学种田，结间茅屋傍林泉。自知世上无多日，且向山中过几年。为吏为官皆幻梦，能诗能酒即成仙。世间百事都增价，老了文章不值钱。"

　　我读到这首诗感叹不已，连连称赞写得好，既朴实又含深意。再联系自己已八十岁的退休佬，觉得此诗很切合许多退休老人的思想情绪。

文章接着说："根据落款可以看出这是刘祝群一九二四年写给朋友的一首诗。其时刘祝群四十八岁，已归田四年余。"文章作者认为这是刘祝群写给朋友的一首诗，其儿子刘天健也认为这四条屏是父亲留下的墨宝，是父亲写的诗，所以挂在房间里，以作永久的怀念。

过了两天，仿佛沉睡脑海的记忆突然被什么唤醒。呀！这首诗年轻时好像在《三言》中读到过。我连忙从书橱里拿出冯梦龙编纂的《三言》翻检，果不其然，在《警世通言》第十八卷《老门生三世报恩》的开头就看到这首诗："买只牛儿学种田，结间茅屋向林泉。也知老去无多日，且向山中过几年。为利为官终幻客，能诗能酒总神仙。世间万物俱增价，老来文章不值钱。"比冯梦龙迟的明抱瓮老人编的《今古奇观》第二十一卷中也选进了《老门生三世报恩》这篇小说。

这个发现引起我的查考兴趣。我便进一步在网上搜索与之相关的资料。令人惊讶的是，网上出现多篇文章，竟然都说这首诗是刘基的"退休诗"。有一篇《古代退休诗集锦》中说："明朝的开国功臣刘基，辅佐朱元璋平定天下，但他并不居功自傲，也深知'伴君如伴虎'的道理。于是在洪武四年，他刚满六十岁就要求退休，还写了一首打油诗表明心志：'买条黄牛学种田，结间茅屋傍林泉。因思老去无多日，且向山中过几年。为吏为官皆是梦，能诗能酒总神仙。世间万事都增价，老了文章不值钱。'朱元璋很高兴地派人把他送回了家乡，还给了不少赏赐。"有位名叫詹幼鹏的写有一篇《刘伯温诗一首》的文章说："买只牛儿学种田，结间茅屋傍林泉。因思老去无多日，且向山中过几年。为吏为官皆是梦，能诗能酒总称仙。世间万物俱增价，老去文章不值钱。这首诗是刘伯温晚年所作，道出了退休者的心情。"有位杨兴隆写了一篇《人老文章不值钱》说："明朝开国皇帝朱元璋的第一位谋臣刘伯温卸任后写了一首诗：'买条黄牛学耕田，结间茅屋傍林泉。因思老去无多日，权在山中住几年。为官为吏皆是梦，能酒能诗活神仙。世间万物都增值，人老文章不值钱。'刘伯温卸任后进入了老年，原有的'第一谋臣'的社会角色中断，其社会地位由此发生了根本变化，由'位高权重'变为'人微言轻'。也许就是在这样的境况下，他在诗中发出了'人老文章不值钱'的感叹。"又有《幽默诗集》中也引这首诗，题目《辞职自遣》，作者刘伯温。网上有很多人写文章，都言之凿凿地说这首诗是刘基晚年的作品，或说是刘基的"退休诗"。我即从书橱上抽出林家骊点校、浙江古籍出版社出版的《刘基集》，该集是以《四部丛刊》中《太师诚意伯刘文成公集》为底本，并以文体分类编排的，我翻到第二十三卷七言律诗，查看了两百多首七言律诗，其中没有这首"退休诗"，连主题、句子近似的诗都没有。我再翻阅了"七言古诗"，也没有这首"退休诗"，其他"乐府""绝句""诗余"中就更无踪影了。奇哉怪也！我又翻开老友郝兆炬的《刘伯温全传》，书中虽有"急流勇退"一节，但看来看去也没有提到这首"退休诗"。

我查阅了这些相关的书籍，可以得出结论：这"退休诗"不是刘基的作品，更不是其二十世孙刘祝群的作品。这首诗最早出现在《三言》，后来社会上流传的只是个别字词不同，其主旨与神韵与《三言》中那首是一样的。那么多人说这首是刘基写的"退休诗"，其实是找不出文字依据的，刘基根本没有写过这首诗，许多人言之凿凿的，却是无稽之谈。

明明不是刘基写的诗，怎么那么多人说是刘基的诗呢？这实在是个值得思考的一个问题。

在中国几千年的历史中，像刘基这样能够做到立德、立功、立言的三不朽伟人实在是罕有的。他在历史上有巨大的影响，在民众中有广泛的崇拜者，所以民间就有许多人神化他，民间把刘伯温比作诸葛亮，他成了智慧的化身，以至于这位历史伟人就变成能神机妙算、未卜先知的超人。一个人成了超人，就会产生出许多真假难辨的故事。冯梦龙的《三言》流传广，影响大，有人把这首"退休诗"移花接木，说成是刘基的"退休诗"也就不足为怪了。就像有一首《咏蛙》诗，说成是某某大人物的少年时的作品，而一查，原来传说很多，有说是唐太宗李世民年幼时写的，有说是张璁少年时作，有说是严嵩小时候写的，有说是清末郑正鹄写的，等等。该诗"出处"的说法很多，但都是传说，都找不出确切的证据。民间喜欢说伟人的故事，那些"说书"的艺人更会加油添醋，况且刘基是个大诗人，这首"退休诗"在流传中变成刘基的诗也就"顺理成章"了。这对我们搞文史的人也是一个提醒：名人都会有许多附会的传说，我们要注意真实历史与民间传说的区分，不要把民间流传的故事简单地拿来作为史实来作写文章的资料。

　　我又思考一个问题：刘祝群的四条屏上为什么要书写这首诗赠送朋友呢？我想这所谓的刘基"退休诗"，在民间大概早已有这个说法了。流传长久了，大家就相信了，刘祝群大概也认可了这个说法，而且认为是老祖宗创作的，并很有情趣，他不会去怀疑，反而感到荣光，故会以自豪的心情磨墨挥毫赠送友人。

　　搞文史要有求实的精神，要常常思考看到的史料可靠与否。看到的史料与民间的传说，或详或简，或真或伪，我们要多做分析，要细辨，要深究，要经过严密的考证，简单过分信从那些并不可靠的史料和毫无根据的传说，或带着偏好或草率的态度去评价、取舍，或匆忙作出结论，都是不对的，是容易出错的。有些是出于附会和传说，即使是出于实事，也有许多是经过增饰甚至虚构，所以我们一定要谨慎，不能人云亦云，更不可信口雌黄，否则以讹传讹，会产生不好的影响，甚至严重的后果。

二〇一七年六月十五日

笔
记

狱里研《周易》 终成"不易才"

——刘绍宽评青年苏渊雷及对陈再华的哀叹

陈盛奖

　　苏渊雷先生在《易学会通》自序中说："《易学会通》初稿十七篇，都五万馀言，余忧患之所作也。"苏先生在序中还说："《易》为忧患之书，而生生不已。今是昨非，时中为大。""今是昨非"，随时取中，大有深意。在今苍南县钱库梦园（苏渊雷纪念馆）中立有一块石碑，上面刻着苏先生书写的一句名言："《观》之时义大矣哉！"《观》是《周易》中的一卦。可见苏先生的学问得力于《易经》，具有辩证思维，哲人风范，从而淹贯文史哲，成为一代宗师。后来他的好友钱钟书在《谈艺录》序中也说自己的书虽然是赏析之作，其实是忧患之书。《周易·系辞》说："作《易》者，其有忧患乎？"据说《周易》是周文王被纣王囚在羑里而写成，可能因其身陷囹圄，生命攸关，就给自己算算命，卜一卦。苏先生是被关在监狱之后，开始研读《周易》（《十三经》之首），像近代《易》学大家杭辛斋一样。

　　杭辛斋（一八六九——一九二四），浙江海宁人，民国《易》学巨擘。

苏渊雷先生在《易学会通》新版序中说："五十年来，国内治《易》学者，尚未见有超越杭辛斋先生者。"杭氏本是一位有志于天下的革命活动家，后因反袁而入狱，开始研读《周易》。杭氏名慎修，似乎与清代《易》学象数派中的江慎修有关，而苏渊雷原字仲翔，也似乎与东汉末年《易》学象数派中的虞仲翔有关。杭辛斋属象数派，苏先生说自己偏重于义理派（渊源于魏晋时期的王弼）。

　　一九二七年"四一二"反革命政变后的第五天，即四月十七日，在那最恐怖的时候，苏先生因为曾任温州学生联合会主席等职，参加革命活动，被国民党当局抓捕。刘绍宽在《厚庄日记》一九二七年四月十七日记道："晤林松田，始悉省中拿共产党甚烈，温属各县党部常务委员皆缉捕，拿到戴荫良、苏中常等三人，范介生、游公任、张培农皆逃。"苏中常即苏渊雷原名。隔江瑞安张棡也记日记，留下了一部与《厚庄日记》相媲美的《杜隐园日记》，他在是年五月九日的日记中也记道："是日，戴婿胜秋、外孙学弢均下午回里，先过德昌访予，晤谈片刻去，并言其侄树棠、陈仲雷、苏仲常、戴醒群、林允明均数日前已为司令部押解上省。"解省后被判十九年徒刑，关在杭州陆军监狱。

　　在炼狱中，他读了大量的书籍，"涉猎佛典、《圣经》、《易藏丛书》"等，"穷理尽性以至于命"，写出了第一部学术专著《易学会通》。晚清时宋恕曾劝章太炎读佛经，后来章也是在狱中开始认真研读释典，从而写出了"一字千金"的《齐物论释》这一学术杰作。一九三三年，在刑期过了三分之一时，即七年后，苏渊雷由旅杭温州同乡会常务委员长、太湖水利局局长林同庄先生保释。他在自传中说："只有与死神较量过的人，才会懂得人生的意义。我抖擞精神，向着浩瀚的人海走去。"从此他更像他"本家"苏东坡那样豁达，热爱生活，折节读书。出狱后，"中常"易为今名"渊雷"，字仲翔，"渊雷"二字出自《庄子·在宥》

篇："尸居而龙见，渊默而雷声，神动而天随，容无为而万物炊累焉。"

其实苏先生的提前释放，是与刘绍宽先生的努力有关。刘绍宽《厚庄日记》一九三一年一月十二日一则："前为苏中常事，函托林同庄设法营救，得复，谓已托叶溯中往察情形，再商营救之法。"叶溯中，永嘉朔门人（今鹿城区人），毕业于北京大学中文系，时任浙江省立杭州高级中学校长。由于刘绍宽通过林、叶等得力人的营救，苏先生才得以提前结束身陷图圄的忧患岁月，没有了生命之虞。

一九三三年六月，苏渊雷出狱后，就把《易学会通》初稿呈给自己中学时的校长、恩师刘绍宽。《厚庄日记》一九三三年八月一日一则："阅苏中常《易论》初稿毕。中常以共产嫌疑系狱多年，在狱中著此书，自谓十七篇，都四万馀言，自属稿至写定，不及十日。数年来读书积理所得，除散见《修慧证情集》外，尽于此矣。所恃以读书论世、接物待人之方，不外乎此云云。余视其所阅采书不下二十馀种，颇多名通之论，不易才也。"苏先生经过长期的读书积累、人生历练，尤其是狱中七年的悟"道"，厚积薄发，只用了不到十天的时间就写成《易论》（即《易学会通》）一书，可见捷才是与好学深思分不开的。于是刘绍宽作为一个老辈的学人，给予青年学者苏渊雷一个极高的评价："不易才也。"无独有偶，张棡在一九三七年八月八日的日记中写道："晨起阅平阳苏渊雷所撰《易学会通》一书，融中外学说而一炉冶之，六通四辟，益人神智，真后生之可畏者。"真是英雄所见略同。

历史上，我们这个地域研究《易经》著名的，有宋代平阳水头人朱元昇，他自少至老，自学《易经》。他学本邵雍，师承刘牧，探究《河图》《洛书》，属《易》学中的图书派。赞成图书派的，还有薛季宣，而叶适对太极两仪之说予以非难（见《习学记言序目》）。到了清代，青田端木国瑚冶汉学、宋学于一炉，"视焦（理堂）、纪（慎斋）二氏更上一层，允是殿全军而为胜清一代《易》学之结束矣。"（杭辛斋语）苏渊雷在前人的基础上"会通"，沟通中学、西学，写出了《易学会通》一书。全书分上、下二编，上编《绪论》"穷理"，下编《广论》"尽性"。《广论》的最后一篇是《论忧患》，在阐述终极关怀的前提下，提出了"与民同乐，与物同忧，而后忧患始可祛"的现实关怀。

同年（即一九三三年）九月，从《厚庄日记》中，我们可以获悉刘绍宽读了吴感卿（恒）所译的《北欧集》，序言中说是受胡适等人授意后翻译此书，当时学界有用小说来启蒙、教育读者，从而达到改造社会的目的。他读后，说只有其中《十五年徒刑》这篇"具有意味"，写一位律师被判刑后，关在监狱里，开始自修，成为一位很有学问的人，"确见无期徒刑较死刑为胜"。他在日记中写道："此囚人一转而读古书，研究各种文字与哲学和历史。四年中，读过六百本书籍，则能脱去从前一切恶习矣。再进而读《圣经》，求自然科学、药学、哲学等，则能贯澈人生目的。所谓穷理尽性以至于命矣，较之从前豪赌之二万万金，真如粪土。人能自少至老，孟晋不已，境界实是如此，而此缩短于十五年。观其境界，则非得囚禁之力，不致于此。"刘绍宽还说："青年读此，可憬然悟矣。"刘绍宽也许有感而发，因苏渊雷的遭际与此律师有相似之处，都是在狱中发愤读书，"穷理尽性以至于命"，从而找到安身立命之处，成为一个知识渊博而又有智慧的学者。

一年之后，即一九三四年，平阳另一青年才俊陈再华在广州被捕，从多方营救到最后被杀害，刘绍宽在《厚庄日记》中有较详细的记载。开始听说是被判无期徒刑。《厚庄日记》是年十二月八日载："范介生信来，言陈再华（锡光）在广州以共产嫌疑为公安局所拘，乞营救。余往询情形，据温秉民夫人云，有同乡李某入共党，与再华尝有往来，被累，未知实否。黄旭初自上海来，寓瓯海实业银行，以诗见示。余言及陈再华事，据云：来时，张伯均属函致广东某，未知有效否。"黄旭初即著名政治家、实业家黄群，张伯均即著名解剖学家张鋆。

他还致函王仲超、王理孚、陈子琳等，设法营救。陈再华从广州公安局里最后传出一张纸条来，涂抹字隐隐有"唤仲钧来"等字，原来张仲钧在广西。仲钧即仲銮，张鋆弟，鳌江东河村人，在广西医学院任教授。尽管在粤的同乡奔走营救，"求解皆无效"。他说陈再华"专心求学，不染嗜好"，是自己内侄陈仲芸的儿子，情况熟悉。"陈再华明日安厝，余不能往，送奠仪一封、挽联一对"，挽联道："逐炎洲翠，竟陷虞罗，叹异乡谁切救援，伤哉独行踽踽；生积善家，偏遭横殒，痛乱世难全性命，遑云天道茫茫？"他在日记中还写道："余粗阅再华遗著，并无深沈学识，满纸是鼓动兴奋之语。青年后生中此狂潮之毒，狡黠者，口是心非，临事兔脱；忠厚者，盲从笃信，至死不悟。此种鼓吹，皆出自野心家，用以网罗年少，供其一时驱策之用，不惜摧残英畏，而断送吾国百年之人材，真可痛也！"

陈再华不幸遇难，刘绍宽感到极大的悲痛。"叹异乡谁切救援"，如有得力人的营救，或者能被判无期徒刑也好，因"确见无期徒刑较死刑为胜"，在狱中，可以像苏渊雷和《十五年徒刑》中那位律师读书，说不定还可以提前出狱，以陈再华的聪明才智，其成就不会亚于苏渊雷。

据《厚庄日记》载，一九三三年六月苏渊雷出狱，同年九月作者读《十五年徒刑》，一九三四年陈再华被捕，翌年一月遇难。刘绍宽这样"安排"写，似乎"具有意味"，如春秋笔法，具有"微言大义"，可能用以表示自己对当局的不满。刘绍宽在日记中比较少写自己读了什么外国书，犹其小说类，偏偏一九三三年写自己读了《北欧集》。再说，《厚庄日记》是清稿本，即作者重抄一遍。庚午年（一九三〇年），刘绍宽把之前的日记一次性抄了一遍，并且在每年日记后面加按语，补充或总结此年的情况，而在日记的最前面写了"叙"（前言）。之后的日记，今年抄去年的，明年抄今年的，视力不好了，就请人代抄。如此，有些作者认为没价值的，或敏感的，被删掉，也有可能。主要原因或许是当时写得比较潦草，需要誊清。读《十五年徒刑》，很有"意义"，不会删掉，而且写得比较"突出"，对比强烈。"仁者见仁，智者见智"，这只是笔者对《厚庄日记》此一大关节的"解读"。

鲁迅在《关于太炎先生二三事》一文中说"太炎先生虽先前也以革命家现身，后来却退居于宁静的学者"云云，苏渊雷也是如此，成为"宁静的学者"，不过没有像章太炎那样"和时代隔绝"（鲁迅语）。正是由于刘绍宽、林同庄、叶溯中等人的努力，青年苏渊雷才得以提前出狱，从而把在狱中读书所积的"理"结合人生的感悟、生命的体验，进行升华，走上了阔大会通的学问道路，在"形而上"哲学、佛学及艺术等领域，取得了丰硕的成果。

在耶鲁邂逅温州古城

端木敏静

二〇一七年夏天在耶鲁大学图书馆查阅资料时，惊喜发现耶鲁收藏英国循道公会宣教会刊《传教士回声》（The Missionary Echo of the United Methodist Free Church，下文简称《回声》）杂志。该杂志是英国循道会海外差会的会刊，自一八六三年开始发行，详细报道差会的海外传教士在中国、南美洲、非洲等地的传教活动，对传教士的生平事迹、教育等工作医疗都有详尽报道，同时还有传教士对世界各地历史文化、风土人情的描述，常附有实地实景照片，是非常珍贵的文献史料。从一八七七年英国循道公会就派传教士前往温州传教，传教士们在温州建立学校、医院，记录发表关于温州地方文化风土人情的文章，因而这份杂志里留下不少近代温州的史料。耶鲁大学图书馆收有《回声》一八九八年至一九三二年的微缩胶卷版，而原版杂志只有一九一一年至一九三二年。本文主要呈现循道公会传教士们Dr. Plummer (白累德医院院长鲍莅茂医生)，Tom Moore Gauge、Ada Holt、Bessi Petrie Smith等在一九一〇年——一九三二年期间拍摄的温州古城照片。据温州学者沈迦先生考证，Rev. T. M. Gauge的中文名为郭多玛（亦译郭蔼琪），传教士，循道公会牧师；Ada Holt中文名为何立德，女传教士，艺文女学执教，一九一三年与郭多玛在温州结婚；Bessi Petrie Smith中文名为薛美德，温州白累德医院的护士长。

（非常感谢耶鲁大学图书馆特藏部主任 Martha Smalley 女士、管理员 Joan Duffy 女士为本作者的查阅资料所提供的帮助。）

图一至图五刊载于《回声》一九一三年合刊

图一

摄于一九一二年。位于温州瓦市殿巷的温州循道公会大院，大年初一前来参观的
温州百姓

图二
一九一三年，医院雇佣的挑夫

图三

一九一三年，温州山区乡间的凉亭桥涧

图四

一九一三年，学习温州方言拼音的叶姓少年

图五

一九一三年，船上人家

图六至图十一刊载于《回声》一九一四年合刊

图六

一九一四年，温州古庙的院落，图中女子为何立德

图七

一九一四年，温州白累德医院院长助理李先生与弟弟
及儿子合影。从这位医生的年龄和职分来看，必是学
医年久。当年定理医院的英国霍厚福医生已经开始培
养中国助手学习西医，白累德医院院长鲍莅茂更是大
力培养温州本地医生。可以说这位李医生就是温州最
早一批西医医生

图八

一九一四年，温州街头"馄饨担"

图九

一九一四年，温州街头交通工具：轿子

图十

一九一四年，端午节庆赛龙舟

图十一

一九一四年，瑞安白溪古塔。海和德牧师拍摄

图十二

一九一三年。来往于上海温州之间的客轮。施德福医生乘坐此客轮抵达温州，照片中客轮泊于江心岛江岸，轮船后面的建筑物是英国领事馆

图十三刊载于一九一五年合刊

图十三

一九一五年，英国牧师海和德夫妇辞别温州之际，瓯海关监督冒广
生母亲及其孙子前来送别并合影

图十四至图十五刊载于一九一六年合刊

图十四

一九一六年温州街景

图十五

一九一六年温瑞塘河风光

图十六至图十八刊载于一九一七至一九一八年合刊

图十六

一九一七年，桥上望塘河。艺文学堂校长蔡博敏拍摄

图十七

一九一七年，温州鼓楼街。艺文学堂校长蔡博敏拍摄

图十八
一九一七年，郭多玛牧师拍摄温州全景，从东门里直到东门外

图十九刊载于一九一九至一九二〇年合刊

图十九

一九二〇年温州艺文女学女生们课间玩耍，学生们似乎对摄影师白瑞医生（Dr. G.
C. Bury）更感兴趣。Dr. G. C. Bury 汉名"蒲礼"，英国循道公会医疗传教士，曾在
白累德医院就职

图二十　刊载于一九二一年合刊

图二十

一九二一年，海坛山麓艺文学堂附近的庙宇，艺文学堂校长蔡博敏拍摄

图二十一至图二十三刊载于一九二二至一九二三年合刊。一九二一年英国循道会
代表团访问中国时，特意走访了温州的教会、医院和学校。以下几张由代表团团
长巴特勒拍摄

图二十一

一九二三年，温州白累德医院近景

图二十二

一九二三年，温州艺文学堂近景

图二十三

一九二三年、温州飞云道观眺望远景

图二十四至图二十七刊载于一九二四至一九二五年合刊

图二十四

一九二四年，温州街头。图中外国女子为薛美德，温州白累德医院的护士长

图二十五

古庙高处眺望温州农田。巴特勒先生拍摄

图二十六
河边劳作的家庭妇女

图二十七
河边洗鱼

图二十八至图二十九刊载于一九二六至一九二七年合刊
图二十八
一九二六年，温州南水门

图二十九

东西方之相遇。照片中两位外国女子分别为温州白累德医院的护士长薛美德（右一）和宁波传教士美莆（Mabel Fortune）。美莆 1928 年与白累德医院院长施德福结婚，定居温州。照片由英国传教士唐恩祺（Dorothy Doidge）拍摄。唐恩祺在艺文女学执教

图三十至图三十二刊载于一九二八至一九二九年合刊
图三十
一九二八年白累德医院院长施德福与梅梅甫（Mabel
Fortune）在温州结婚

图三十一

艺文学堂全景。校长蔡博敏拍摄

图三十二

白累德医院护士长薛美德，一九二三年来到温州，服务温州百姓数十载。一九四〇年不幸染病死于上海

红通一号杨秀珠（节选）

沈绍真

在温州，杨秀珠是个家喻户晓的闻人。机关内外市井坊间，有关她的各种段子传言，极多极杂。在她出逃后，每当有她的最新报道，媒体就会出现新一波杨秀珠热，各种报道连篇累牍。这些文章，大多是抢时效凑材料的急就章。外地人看了，也许觉得知晓其人其事了；但在温州人看来（特别是对她有所了解的人），则会觉得失之浅薄，有的更是戏说瞎编，只为博人眼球。这对温州，对其本人，对社会都是极不负责的。

杨秀珠是个官场奇葩，是在特定社会环境与政治背景下产生的一个成为贪官的温州女人。以严肃认真的态度，追溯杨秀珠从草根崛起，到沦落为"红通一号"亡命他乡的过程，是对那个年代社会政治生态的一种观照。它不仅给世人提供了做人为官的反思样本，同时对今后反腐倡廉的制度建设也具有极大的警示意义。

正是基于此，温州日报资深记者沈绍真准备花两年功夫，撰写一部大型纪实人物访谈《红通一号——杨秀珠》。

据悉，他计划采访一百名与杨秀珠有过交集接触的温州市民（杨早年饮食公司的工友、市规划局与各部委办干部，及温州市浙江省的老领导等），请他们以第一人称方式，讲述各自的亲历往事（重在亲历，谢绝道听途说），不漫画丑化其人，正面负面都予记录。以此反映其性格、作风、行状，真实客观地记录杨秀珠七十年的人生轨迹。

自二〇一六年底开始，目前他已采访近八十多人，并边采访边写作，已完成若干篇章。征得作者同意，本刊选发其中的若干篇章。

作者表示，需要强调的是，此书这不是演义，更不是小说，而是一部大型纪实人物访谈。同时还应指出，全书尚未出版，这里几人所叙的片断，只是杨秀珠的若干个侧面（不排除记忆有误）。是好是坏，肯定都还不是杨的全部，这一点还望各位明鉴。同时，所叙凡涉及他人的，也仅是一家之言，权作参考。

作者希望及时获得反馈意见，欢迎各位提供更多的采访线索（邮箱：523859317@qq.com）。

——编者

胡秀蓉：草根同事的记忆

胡秀蓉：温州市饮食公司退休职工，六十岁，杨秀珠早年同事。
采访时间：二〇一六年十二月十八日下午
采访地点：鹿城区黄龙住宅区某幢胡家客厅

采访是在她家十来平方米的小客厅里进行的。屋子里都是小孩用品，显得有些杂乱，推门进去时，她正在照顾孩子……不过她很快就把环境清理好了，显然是一位尽职能干的外婆。

她有两个女儿，女儿女婿都是一般职工。两个女儿都是两三年前才结婚的，三个外孙女大的才三岁，两个小的还不到一岁，她得帮忙带孩子。

胡秀蓉的丈夫原是一家板纸厂工人，集体性质，他们住在温州旧城边缘黄龙住宅区的商品房里，六十多平米。她说结婚时住房才十几平方，就一个房间，有时家里来个人，孩子学习都没地方了，因此买了现在的这个，虽然地偏一点，也很满足了。

她有三千多元退休金，加上丈夫的，日子过得也还可以。

那时，她算是个有文化的人

我父亲那时（上世纪六十年代初）温州市饮食公司支部书记。我印象中秀珠是中学毕业后作为练习生（相当于新招工）进来的，属集体性质。当年，市饮食公司在四顾桥一幢大楼里，国营集体的都在这里。集体的又分城东、五马、城西三个片区，共有大大小小几十家店，大的店有二十多人，小的店就四五人（营业员和后台师傅）。

秀珠刚来时是在饮食公司下面的店里当营业员。那时饮食业职工许多人都不识字，她初中毕业（一九六一年温二中毕业）就算是有文化的，后来就调到公司成为办事员。没多久就当会计，后来又成为业务员，负责东区（那时是计划经济，业务员就是负责给各门市店分配粮油面粉等）。我进公司比她迟，是管西区的。

"文革"开始后她参加"温联总"，后来我们也就没多联系了……

我父亲是支部书记，因此，她那时也会和工友到我家里来，她比我大好多岁，因此就称她秀珠姐秀珠姐的。她对我父亲还是蛮尊敬的，总是称他"胡老胡老"的……

那时感觉她人也还可以，就是那张嘴挺厉害，是得理不饶人的那种，有时讲的话份量很重。她还会骂人，男的若对她暴粗口，她就会与你对骂，一点也不示弱。不过骂过了也就一个样，是无心的。

她个子矮小，我曾听说过她有时说话会跳到桌子上。我原先不信，后来有一次亲眼看到了，她在我家里，讲着讲着，竟一下子跳起坐到了桌子上！

我觉得这太没规矩了，就说你怎么坐到桌子上？她也就下去了。

她曾请老领导吃饭

大概是杨秀珠从规划局往市里爬的那段时间，有一次她请当年饮食公司老领导吃饭。我爸那时已七十多了，身体也不太好，饮食公司一位负责人对他说这事时，我爸说凭空吃请不好，自己不想去……那领导说，你不去，我也不去。

但第二天，又有人来请我爸去，说钱是大家分摊的，我爸就同意了……

当晚吃好饭后，杨秀珠将我爸送回我家。我在家门口看到，她坐在副驾驶座上，下来打开车门，让我爸出来。并对我说：好了，我把你爸送到家，就交给你了……

然后，她就把几张钞票塞到我爸手里，说：我是把你们看作自己长辈，今晚是我请客，哪有让你们拿钱的道理？这钱拿回去！

我后来听说，她把各人的钱都送回去了。因此，那天最后还是杨秀珠请的客。

杨秀珠原来的老公叫松坤，在市供销社工作，中等个子，为人蛮好的。她有个妹妹叫秀英，也曾在饮食公司干过，那时秀珠是造反派，已离开饮食公司了。她妹妹先是在下面店里，只半个月光景就到公司里，后来又走了，听说是到了街道，总共才两个来月时间。

失业人员再就业免征"三税"

市财政每年还将安排 1000 万元再就业专项资金

省委省政府批准开除其党籍和公职

逮捕杨秀珠

检察机关立案侦查并决定——

高考成绩揭晓

温州35117人上线

温州中学刘晨昱、谭博分别以641分、685分获全市文、理科第一

今年填报志愿应注意什么

市区重点中学普通高中分数线划定

温州中学：704分 温州二高：685分 普通高中：538分

今年高考分数线为何比去年低？

余日迁：我拍了她的"标准像"

余日迁：四十七岁，温州晚报记者、摄影部主任。温州市摄影家协会理事、新华通讯社签约摄影师，中国新闻摄影学会会员

采访时间：二〇一六年十二月二十五日

采访地点：温州晚报编辑部十四楼办公室

我踉跄之下，几乎摔倒

杨秀珠当副市长时，我与她有过一次接触。

那年，南堡山庄在建工地发生坍塌事故，傍晚时分我第一时间赶到现场拍摄。少顷，前呼后拥地来了一帮人，正在残垣断壁中行走寻找拍摄角度的我，突然被人在身后猛推了一把，一女人厉声道："死开死开，猴头！"

我踉跄之下，几乎摔倒。回头一看，是一身材短小的女人，后来有人告诉我，她就是副市长杨秀珠。

温州社会流传着她的种种段子，舆论是一面倒的负面评价，南堡的亲身经历，更使我有了直接感受。职业敏感使我产生了一种潜意识，有机会要多拍些这个人的照片。

于是就有了后来杨秀珠手扶额头的照片，这是目前媒体刊载采用最多，最广为人知的红通一号"标准像"。

"郁闷的贪官"

此照拍摄时间大约是二〇〇二年，地点是下吕浦温州市安居工程指挥

部七楼会议室。那时她已是省建设厅副厅长，来温检查安居工程进度。她一边听汇报一边看《中国建设报》，其间，我注意到她种种表情动作，手扶额头、挖鼻孔等等……都给拍了下来。

因为是室内，我用了闪光灯。她很警觉，感受到闪光马上抬头观察，而我也早有准备，按下快门就把镜头转向别处……

两年后，杨秀珠出逃，在省委省政府作出开除其党籍、公职的决定后，《温州晚报》次日即在一版刊发报道，标题是"逮捕杨秀珠"，并配发那张手扶额头的照片。有意思的是，这张照片中她好像是身穿囚衣。这是因为，那天她到会场后就脱去了大衣，里面刚好是浅灰色马甲，有种身穿囚衣的感觉。

晚报刊出这张照片后，省人大常委会机关曾打来电话问，杨秀珠已逃到国外了，你们这张照片是哪来的？

上海《外滩画报》是最早刊载这张照片的外地媒体，同时还发到他们的网上。后来新浪网转发了照片，这之后便在国内外广泛流传开了，甚至美国的一张华文报纸也曾以很大篇幅刊出。

我的这张照片获二〇〇三年中国晚报优秀新闻摄影作品银奖，题为"郁闷的贪官"。

杨立本：校长与局长

杨立本：七十二岁，一九九四年起任温州二中校长，杨秀珠远亲。
采访时间：二〇一七年二月十三日上午
采访地点：温州二中教师休息室

我是预约后，在温二中体育馆三楼的室内篮球场见到他的。

早春的温州还相当冷，他则穿着一件背身在投篮，热气腾腾的，充满活力。见我来了，就收拾起衣服水杯，充满愉悦地说：我一般在八点到十点在这儿活动，每天的计划是要投篮两百三十个……

退休后，他受聘担任瑞安市塘下镇某中学高级顾问，每周只要去两次，自己开车。

之后，他带我到教师休息室，这是个适合采访谈话的场所。

我与她有过三次交集

第一次是一九九三年，那时我是主持工作副校长。温二中的大门朝南，进南大门要从康乐坊经过一条狭长小巷，小巷一边是民居，一边是解放军一一八医院的围墙。因无法在小巷中段拐弯，小车开不进去，唯一的办法，是一一八医院的围墙能内移一米许。

但学校与院方协商未果，我就去找杨秀珠出面协调（她那时是规划局副局长）。我去找她，一是因为她是二中校友，二是我们还是远亲。

她答应了，但与医院方沟通，也没能成功。她就对我说：这事先放一放吧，等以后有机会了再说。

一段时间后，这事还真解决了，据说是规划局在盖医院主任楼与七枫巷宿舍的事上支持了一一八医院。

这事使我感到，杨秀珠这人还真不错。

第二件事是建体育馆。一九九六年，温二中要申报省级重点中学，必须要有专用体育馆（这是评省重点的硬件要求）。但在建馆用地、高度等问题上园林部门有异议。

我就又去规划局找她，她说，这事你们很急吗？

后来，经规划局出面协调，建馆的事得到圆满解决。

与此同时还有校庆的事。一九九六年，温二中举办六十五周年校庆活动，这一时期的温州市领导陈国钧、韩文德、蒋云峰、陈莲莲、杨秀珠等都是二中校友（他们都给校庆题词），市本级县级以上的干部校友多达七十二人，有个局甚至四位正副局长都是二中校友，时任市委书记张友余也出席庆典。

在此背景下，我们准备借校庆东风，将校门移到进出比较方便的北门。在新建校门过程中，杨秀珠出了大力，她曾亲临现场，亲自测量，确定校门红线。

但第三件事，她就没给我好脸色了。

大约是一九九七年，温二中计划搬迁扩建，根据当时市区中学分布等情况，我们提出东移的搬迁方案，但市政府的批复是西迁到黄龙住宅区。

那时的黄龙地处偏僻，且交通不便，教职工普遍接受不了。我就去找杨秀珠，那时她与陈莲莲副市长在一个办公室。我信心满满，把东移理由一一陈述，自认为有理有据。不料没等我讲完，她就霍地一下站起来，严厉喝斥道：这些事是你管的吗？你当校长把学校的事管好就是了么……东移东移，你说说轻松，你知道东边一亩地要一百万、总共要六千多万吗！西边黄龙是配套教育用地，这种事，你就别管了，别管了……

我就这样，讨了一场没趣。

她称我父亲为大伯

听我父亲讲，我们杨家是曾祖这一辈从永嘉迁来温州落脚东门的。我的祖上与秀珠的祖上是堂兄弟或亲兄弟，我父亲与她父亲（杨文伟）都是"文"字辈，我称她的祖母为小阿婆。

我祖父是开铁铺做铁锚的，我们是长房。我们这房在温州发展得比较好，早年曾接济过她的祖上，把一支搬运班子转交给她祖上这一房。因我父亲解放后一直在西安工作，后来与她家就接触不多了，我们也就很少联系。但她还是认我们的，叫我父亲为大伯。但她与我的五叔六叔就比较疏远了，五叔六叔（前者是技校美术教师，后者曾任温州新华造船厂供销科长）都已去世，记得曾说过：他们从来不去找她的，找了也没用……

丁国聪：一场红线风波

丁国聪：七十三岁，原温州快鹿集团总经理兼党委书记。中共十六大代表、全国劳模、浙江省突出贡献企业经营者、全国"五一"劳动奖章获得者，浙江省第八届、九届人大代表。

一九八五年，丁国聪出任温州味精厂（快鹿集团前身）厂长后，把这个名不见经传、年产值仅几百万元的小厂，发展成为税利逾亿的温州知名的国有企业集团。丁本人连续十几年获温州市厂长（经理）金鹿奖最高特别奖及优秀厂长经理奖，获浙江省突出贡献企业经营者。

采访时间：二〇一七年一月三十一日（正月初四）上午。

年前就预约采访，当时丁与妻子在杭当孙女的陪读。夫妻俩正月十五又要赴杭了，故正月初四，我就打去电话预约采访，这是我丁酉新年采访的第一人。

采访地点：温州市鹿城路某大厦丁家客厅

"什么老钉老铁的……"

我与杨秀珠认识是一九九二年十二月的市人大会议上。这之前，我不认识她，但知道她这个人。

那次是本届人大的最后一次会议，主要议程就是一项：选举出席省人大的代表。我在工业组参加活动，还是省人大代表的候选人。

会议在雪山饭店举行。会议进行中，我突然接到厂基建科长的电话，说我们新建厂房的红线，规划局杨秀珠不同意审批。

此事背景是：之前，市主管部门将黎明路一块地划归我厂。我们按规定缴了五万元转让费，完成了所有权变更手续，接着就是开工建设前的划红线了。但基建科长到规划局办理红线手续时，原先负责此事的处长滕德寿说，这块地要给一个外商了，局里不能划红线了。滕德寿还带我们科长去找杨秀珠。杨也明确表示，这地块不给你们了……

科长觉得我们手续费都缴了，怎么又变卦，说不给就不给？此事不能接受。为说服杨秀珠，他就打出我的牌头来，对杨说：我们丁总老丁在市里开人大会议……

岂料不说还好，一说到"我们老丁在市里开人大会议……"，杨秀珠立马就火了！抬腿一踢，脚上皮鞋啪的一声飞到门边："什么老钉老铁的，不行就是不行……"

科长如此这般一说，我也火了！这岂不是侮辱人格吗？

我是市六届人大会议的主席团成员，因为姓丁，在主席团成员中排第一。工业组人大代表们听了后个个都义愤填膺，也不知是谁说了一句：我们搞个提案，搞个规划要支持企业的提案！

当时，许多企业为搞活经营纷纷打开企业围墙搞三产，而规划局则总是挑刺查封。因此大家便纷纷响应，写提案的建议得到普遍响应，很快就有十几人在提案上签了名。记得题目是"规划局出尔反尔……"

当时，我还和市人大常委会胡显钦副主任讲了此事。他说这次人大会议只有选举一项议程，他让我把提案交给他，由他转交给市人大常委会。此事算告一段落。

不料，一周后省电视台两位记者的来访，使这事再起波澜。

那天两位记者来到我的办公室，我以为是为做广告的事，不料他们见面就说："丁总，听说你在人大会议上有场风波？"也不知他们是怎么知道的。

于是我就把当时情况一五一十地说与他们听，还拿出批复文件、有关资料，把划了红杠杠的重点，一一都指给他们看。我说话向来大声，讲到义愤处，还情不自禁地猛拍桌子！

这些镜头，他们都录了下来……

几天后，"请听省人大代表丁国聪的怨言"的新闻在省台"新闻联播"播出，时长达三分钟，还安排在头条。我后来了解到，当时中央刚出台搞活国有企业经营自主权十四条新政策，省台把我们作为典型播发了。

当天晚上，及之后几天里，我家的电话可说真是打爆了！来电纷纷叫好，许多企业界朋友还问我："老丁，你这新闻是怎么弄上去的？""我们的事也想弄个报道……"

当然也有人很不高兴，有位市领导甚至说我这么做是给温州抹了黑……

规划局熟人来电则说，你把我们局长气死了，我们局长都哭了呢！

另外，有羡慕我们厂上了省电视台头条的，也有说我丁国聪这次闯下大祸了的……

总之，这条新闻在温州可说是闹得满城风雨。

事情闹到省里

新闻播出一周后，传来温州市委班子调整的消息：张友余调任温州市委书记，孔祥有调任省人大常委会任副主任。

市委调整一周后，省人大会议召开。我到杭州报到，当天晚上，刘锡荣同志（已调任省纪委书记）到宾馆看望温州代表。我与刘在温州时就很熟，他到我们房间后（我与橡胶厂厂长沈煜生住一起），就问我说："老丁，你那事解决了没有啊？"我说："还没呢，新闻出来后我像犯了罪似的，哪里还敢希望解决啊？"

见我这么说，他就劝慰说，你不要急，张书记马上到温州了，事情会解决的……

听取政府报告后，第二天上午是小组讨论政府工作报告，我分在温州代表团第一组。讨论开始时，省委书记李泽民来到我们这组，落座后，高忠勋（温州代表团团长）逐一介绍各位代表，介绍到我时，李泽民说："这位同志面熟得很啊……"高忠勋便说："他是温州味精厂厂长丁国聪……"

李泽民听了便说："哦，电视里播了你们新闻啊，你那事怎么样了？你讲讲，你讲讲……"

我当然巴不得省委书记关心此事，但觉得小组讨论讲本单位事不妥，便说："李书记，上午议程是讨论政府工作报告啊……"

李说："没事没事，你只管说只管说。"

于是我也便不客气了，把事情来龙去脉说了一番。

我注意到，李泽民听后对身边秘书交待了几句，然后对我说："你的事会解决的……"

午餐时，我到餐厅迟了一点，瞅着一个空位便坐了下来。抬头发现对面正是刘锡荣、张友余等领导，刘还指着我对张说什么。

我便对张友余说："张书记，我认识你的，我的五一劳动奖章还是你给我挂上的（当时张友余在温州任党群副书记）……"

张对我说："你的事我知道了，回去后慢慢说吧……"他把我打住了，似乎是担心我再说那件事。

才几分钟就解决了

省两会结束后，张友余正式到任温州市委书记。

记得还是正月里，一天上午十一点半了，张友余突然到了我们厂。落座后，我向他汇报了厂里的生产经营情况，待我说完，他意味深长地说："你没有别的事了？你们与规划局怎么样了？"

见他主动提起，我便说："这件事我压力很大啊！希望能早日解决……"张表示理解，他还对我说："过几天规划局准备开个大会，与企业界对话沟通，你在会上也说几句吧……"

我马上表态说："好的，好的，我会支持的，一定过去讲几句。"

张听后便起身告辞了，我请他吃了饭走，但没能留住。

当天下午三点左右，办公室突然接到市委办通知，要我马上到市委第六会议开会。

我到了市委大楼，市委办一位同志对我说，他们都在张书记办公室，你也马上过去吧。

我到了三楼张的办公室，里面已有好多人了。张见我来了正准备介绍，只见杨秀珠站起身来，热情地迎向我，笑容满面说："啊，老丁，老丁！老朋友，老朋友！我们把那事马上给解决了吧，马上解决马上解决！"

市规划局主要业务处室的头头全都在场，说着她就带大家到了会议室，推开图纸说："老丁，你想怎么划？你只管说只管说……"

我们原想建五层的新厂房，因考虑周边采光，最后定下是四层。整个过程，不到几分钟就好了，我们各自回去。

当晚约十二点，我都已休息了，突然电话响起，原来是杨秀珠的电话。她带着点得意口气说："丁总，今天这事，你还满意吧？"

我说：满意是满意，就是还有点美中不足，我们原是想盖五层……

她听后说，那给你们搞个地下室吧，明天叫你们基建科长过来，我批给你！（规划批复后，我厂因考虑造价未予实施。）

几天后，我正在办公室，忽然看到规划局数辆车子开到厂里。下面的同志说，是规划局局长杨秀珠亲自来了，说要看看我们还有什么需要她们解决的。

杨秀珠带人登上厂房楼顶，指着一片约二三十亩的田地，对手下人说："这块地都给控制起来，都给味精厂了……"

幸好没爆粗口

几年后，杨秀珠已到省里当副厅长了。有一年"七一"前夕，赵建平检察长带领全市检察系统几十位中层干部，来到我们快鹿集团（双方是共建联系单位），让我给他们上党课。

我讲了改革开放新形势下国有企业生产经营面临的新问题，在讲到政府职能部门应如何服务企业时，讲了当年的那场风波，我还毫不客气指名道姓地讲到了市规划局，讲到了杨秀珠。

会后有人对我说，杨秀珠弟弟杨光荣（时任鹿城区检察院副检察长）就坐在头排！

事后，我想了想，还好，整个过程中没爆粗口！

周纪宣：为单位事打了几次交道

周纪宣：八十岁。温州老报人，曾任温州日报总编、温州侨乡报总编、浙江省记协副主席。

采访时间：二〇一七年一月九日

采访地点：温州市车站大道某小区周家客厅

如此呵斥副局长，未免太张扬了！

我认识杨秀珠这人还是比较早的。那时，我还在温州市广播站工作，她则在市妇联。两个单位都在现在的墨池公园大院里，她常到我们广播站找人闲聊，那时我也没感到她有什么特别处。

直接当面接触是她成为规划局局长后。那年，我市开展第一次城市规划宣传，当时我是温州日报总编，杨秀珠是市规划局局长。应她要求，我与副总编沈惠国一起，去当时尚在华盖山下的市规划局商议宣传规划法事。

杨秀珠见到我们来到，很高兴很热情，将我们俩迎进会议室，同时一迭声吩咐手下人上茶、搬凳……在此过程中，她不时地呵斥那几位正在上茶、搬凳的人，斥责他们动作慢，不得力……

这令作为客人的我们觉得颇为难堪。

而更令我们大感意外的是，落座后她逐一介绍时，刚才被她像奴才一样呵斥的那人，竟是市规划局的副局长。此事给我很深印象，我是你的客人，客人在场，你如此斥责你的副局长，未免太过张扬了！

这位副局长的姓名我已忘了（笔者后来调查得知，这位副局长叫杨官林，见后面的访谈）。几年后，我在市政协开会时，一位政协委员坐在我身边，他介绍说自己原是市规划局副局长，因与杨难以共事，现在调到市卫生学校当副校长了。

全体党委成员都到她家去……

这是一九九〇年前后的事。我们报社在矮凳桥有幢职工宿舍，边上有一块空地，相邻的是一位规划局干部，这人看中这块空地，便擅自违章盖房。因这地在报社宿舍红线之内，报社员工当然不答应。多次与之交涉，但那人仗着自己身份，根本不予理睬，还利用晚上、假日突击施工。因此，报社宿舍职工及家属多次与施工人员发生对峙冲突。

那天晚上，报社正在召开党委会（党委会成员有林白、周纪宣、朱嘉富、孙宏杰、沈惠国等五人），九点半许，突然有人来报，宿舍那边双方对峙，快要打起来了！

为避免事态恶化，我们马上决定暂停党委会，一起去找局长杨秀珠，要她出面制止规划局干部的突击施工。

十点左右，我们一行人来到杨秀珠在谢池巷的住所，但敲了好一阵子门，里面并没声响。我们知其在家，便一直敲门，好半天后屋里终于传出一个女人的骂詈声：是谁啊谁啊！深更半夜的，人都死光了？！捣什么门……

又过了一会，门终于开了，我们进入屋里。杨秀珠自己就坐到床沿上，也没招呼我们坐，唠唠叨叨的又发泄、抱怨了好一会：三更半夜的，什么事这么急？明天来不及吗？我一个女人家，你们这么捣门，土匪似的，我不怕吗？

我们五个大男人就一直站着，不作声，任由她发泄……

好一阵子后，见我们都没吭声，她终于发问道：你们来是为什么事？

快说吧快说吧！

我们就将双方对峙情况作了说明。之后说，为防止事态恶化，请她写个条子，让对方先停止施工。

在我们坚决要求下，杨秀珠写了条子。

我们立即前往施工现场，将杨的"手谕"交给对方，当夜的事态算是平息了。

但第二天，对方还是没有停工。于是我们就报道了此事，对规划局某干部无视规划红线、违章建房的行为进行曝光。

舆论压力之下，此事得以解决。

我们后来分析认为，规划局此人敢于如此明目张胆违规建房，一是依仗其是规划局干部；二是可能得到杨秀珠的默许，因为，杨是很善于用手头权力笼络人心的。

陈市长说了……

她当市规划局局长时，为新闻报道的事常打电话给我，电话里总是说陈市长（陈文宪）说了，要你们如何做如何做……

我对此挺反感，往往直言不讳地说：陈市长有要求，他会自己打电话的……我的潜台词是你一个规划局长，凭什么总拿市长牌头下命令？

她显然也听出我的话外音……

一九九二年上半年，我调到了编辑部在木杓巷的温州侨乡报，那时候的侨乡报还没什么影响，且经营困难。

这之后有几次路上遇见，她都是只是看我一眼，没再打招呼了……

詹元武：东门横巷旧事

詹元武：六十三岁，曾任温州市贸促会会长。

早年住东门横巷二十六号，是杨秀珠的邻居。詹元武中学时代正值"文革"，高中毕业后先在街办厂工作，后以工代干，成为东风街道团委负责人。一九八三年到省委党校大专班读书，回来后担任鹿城区委书记王思爱秘书，之后任鹿城区委宣传部副部长两年、鹿城区鼓楼街道书记十年、区经贸局局长三年、市贸促会会长十年……

采访时间：二〇一七年四月十日下午

采访地点：温州日报报业集团大厦八楼，温州都市报接待室

杨家老小一大帮

早年，我家住东门横巷二十六号，杨秀珠家是二十四号，就一墙之隔。东门横巷是在永塔路与永川路间一条南北向小弄，位置在今天江滨东路东门街的博林大厦一带。旧城改造后，现在永塔路、永川路与横巷都没有了。

横巷二十六号是个有门台的院子，二层旧楼房，原是温州造船厂工会，后来住进去十几户人家，基本都是造船厂职工。杨秀珠家的横巷二十四号并不临巷，而是小弄里的老旧平屋。横巷是一条只够板车交会的小巷。

我是一九五四年生人，杨秀珠（生于一九四六年）比我年长八岁，我十三四岁小学毕业光景，开始对她有了印象。

那时正是"文革"时期，杨秀珠已结婚，有时回娘家，也会来坐坐。我家对门的院子住着一位养猪老人，我们称她养猪阿婆。我们家的院子是东北朝向的，晒不到太阳，冬天时我们就会到对门院子里晒太阳。

印象中杨秀珠那时戴一副眼镜，是很平常很普通的一个人，没什么特别处。当时我们院里住户也分工总、联总两大派，她只与大人说话，聊些工总联总的事儿。那时也没见她一说话就爆粗口，只是嗓门大，有点公鸡声，是个既算不上泼辣，也不属文静的人。

她父亲是拉板车的，那时主要拉烧饭的柴禾，母亲是家庭妇女，家里还有一位祖母。印象中她父母都是朴实本份的人，用那时流行的话来讲，属于正宗的"劳动人民"。

她父亲个子小，但说话声音挺响。杨秀珠兄弟姐妹多，她是老大，下面有两个妹妹四个弟弟，大妹叫秀英、小的叫三妹，弟弟分别叫阿寿、寿弟、进军、光荣。那时横巷年龄相仿的男孩子中，我们的学习成绩是比较好的，而杨家兄弟成绩都很一般。我们不怎么与杨家兄弟玩。

杨秀珠大妹秀英原是鹿城区劳动局干部，一九九八年，成为鹿城区工经委副主任。秀英老公当时是鹿城区区委组织部副部长，为人不错，但水平一般。有议论说这是靠了杨秀珠的背景，现在他们夫妻都已退休。多年来，我与他们一家人也都没联系了。

阿寿比我年长三四岁，年少时感觉有些张扬傲气，瞧不起人。他后来成了区检察院副检察长，我们当年的老邻居都觉得挺奇怪的。老二寿弟比我小二三岁，我与他来往还是较多的，他后来在温州剪刀厂工作。杨进军，小时候显得有些矮矬，去年被引渡回国时，电视上看到的模样，个头倒也挺不错的了。最小的杨光荣那时才七八岁，完全还是个乳臭未干的小屁孩，后来也成了什么铁路公司老总了……

横巷"七十二家房客"

上世纪五六十年代，我们温州人的生活水平真的很低，大家过得都相当清苦。那时东门横巷基本都是平房，我们家是个约九米宽、十米进深的院子。

院子楼上楼下各有五六户，每家也就是十三四平米光景。我家与周美新（原越剧团团委书记）都在楼上。同一条楼梯上去，我家在西首，他家在东南首，他结婚也是在这屋子里。当时各家都很小很挤，这十几平米里挤着老少三代一家五六个甚至七八个人。我家建阳地是大人小孩六个，我家前面一户是一男三女加大人也是六人，隔壁一户是三个孩子。周美新隔壁一户有六个小孩子！

这楼房是木结构的，各家用木板相隔。夜里小便时，咚咚咚的声音会显得很响，传得很远。擦洗地板要极其小心，稍不留神，便会漏到楼下去，要相互照应。

楼下厢房有一块十平米的地方，是四户人家的厨房，各家有一个水缸摆一张小饭桌。我家的饭桌摆放在楼梯下，每到开饭时把桌子拉出来，吃好饭又推进去。

院子的天井（道坦）大约有十几平米，放了个公用垃圾桶，道坦边有一条水槽，淘米水洗碗水马桶水都倒到这里，流进下水道……每到晚上，各家会把马桶端到道坦里，以便次日凌晨让环卫工人清倒。每天早上，主妇们便在这里刷马桶。捣煤球也都在这里进行，因为地方小，各家要谦让着轮流进行，否则做好的煤球没地方摆放……

当时这个院子堪比七十二家房客，横巷就数我们这里最热闹了。那时我们这个院子住户基本都是造船厂工人，有正式单位，在横巷居民中经济条件算是比较好的。我父亲是造船厂的六级轮机技工，工资六十元，算是很高的工资了。横巷其他居民大都是社会底层普通百姓。如杨秀珠家是拉板车的，我少年玩伴张进云的父亲也是拉板车的。周边有一户是在弹簧厂的，还有一户是皮革厂的，算是很不错的。对门有一户做裁缝，可能是横巷家境最好的了，因为她家女儿是机关幼儿园老师、女婿是机关里的。

那时物价低，我家房租每月才一元多，虽然生活水平低，但也不觉得苦。我们男孩子晚上就会出去锻炼身体，举哑铃、伏卧撑、引体向上，比谁的手臂肌肉粗……

东门横巷在温州没什么名气，但也算出了几个人物，如杨秀珠后来是副市长、副厅长，但成为贪官红通一号；邻居周美新后来是五马街道书记、鹿城区政协主席；我的少年伙伴张进云侨居加拿大，成为事业有成的温州侨领，少年伙伴滕向群在上海办厂，成为民营企业家……

命运

今年是高考恢复的第四十个年头，我们特意策划了一个专题，约请几位一九七七年高考亲历者撰写文章，收到有诸葛忆兵、叶正猛、卢剑平、金松、张汝潮等五篇，他们从各自角度回忆了当年参加高考的前前后后，是难得的一手材料。虽说人生处处是考场，但高考无疑是影响国人命运重要的一场考试。过去如此，今天亦然。此组文章或许能引发读者对于现实和教育的思考。

然而一个人的命运被时代裹挟，是多么无奈。

这也是我读完瓯风文丛《流年碎忆》《回首人生》《把西注中》《簏园慧月》《此心安处》五本书后产生的强烈感受。林翘翘女士历经战争风云；温端政先生从平阳农村出来到北京念书，后长期工作在山西；沈克成先生因为家庭出身问题，难以上大学，靠自学成才；张乘健先生更是一位奇士，学术生涯颇多坎坷；卢礼阳先生是从水产专业毕业，辗转腾挪数个单位，终安身于图书馆。上几代人何其不易，他们所取得的成就，远要比今天的人付出更多的努力和艰辛。

做人总是难的，且行且珍惜吧。但我们希望社会是朝着自由、公正的方向前行，每个人都能最大程度把握自己的命运。这样我们的生活可能会越来越美好。

编者

二〇一七年九月十一日

附：众筹名单

艾 子	白 杨	白云贵	鲍海春	蔡 榆
蔡可群	蔡克骄	蔡喜莲	曹小川	曾 健
陈 建	陈 经	陈 乐	陈 理	陈 硕
陈 纬	陈 文	陈朝晖	陈春柳	陈德香
陈发赐	陈洪漪	陈建胜	陈康汉	陈瑞赞
陈绍鲁	陈盛奖	陈世泽	陈万军	陈文辉
陈小林	陈小萍	陈小勇	陈新雷	陈一樏
陈一凡	陈以周	陈长河	程 标	程丽坚
崔 勇	大 门	丁海涵	丁林吉	丁小明
东 君	董 苗	董怀谷	董亮爽	董约武
杜明克	樊东伟	方坚铭	方韶毅	冯强生
冯志祥	富晓春	高启新	何 红	何光明
何天健	洪光华	洪振宁	侯小勇	胡 彬
胡 侠	胡炳华	胡念望	胡奇美	胡益仁
华小波	黄 洁	黄 晶	黄 耒	黄 泽
黄嘉强	黄军武	黄梦桐	黄瑞庚	黄少东
黄祥风	黄雪苗	黄元明	江海峰	姜立秋
姜萌韶	蒋 遂	蒋 樨	金 涛	金 占
金柏东	金丹霞	金城濠	金平亮	金少策
金顺仁	金锡强	赖立位	雷文军	李 斌
李 坚	李 相	李少可	李玉迪	李岳松
林 白	林 辉	林 冽	林 南	林 兴
林宏伟	林坚强	林江泓	林日正	林贤埃

林晓克	林永碎	林志坚	刘晨	刘如
刘颖	刘启焕	刘时觉	刘文起	刘旭道
刘寅豹	卢礼阳	陆云	罗学锋	吕德慧
绿茶	马大正	马亦钊	马哲全	毛薇洁
潘虹	潘捷	潘朝晖	潘德宝	潘端嘉
潘伟光	潘小碧	潘一新	潘一钢	邱朝剑
邱国珍	秋秋	裘士雄	渠淼	瞿冬生
瞿长凯	邵舟	邵余安	沈楚	沈华
沈迦	沈国林	沈洪保	沈克成	沈智毅
施磊	施希	施菲菲	施世潮	施正勋
宋旭华	苏琴	孙邦金	孙焊生	孙焕挺
孙金辉	孙丽雅	孙良好	唐彦中	滕万林
涂小铷	万军	王城	王宏	王键
王成槃	王从权	王建国	王剑峰	王金祥
王孔瑞	王圣思	王小壬	王小玉	王晓东
王兴雨	王秀权	王永胜	王幼芙	王芸芸
王志刚	温作市	翁钦	吴超	吴谷
吴琦	吴行妙	吴丽华	吴培军	吴树乔
吴雪舟	吴耀东	吴映雪	吴尊林	夏海豹
夏三忠	夏新天	谢敏	谢树标	谢小萌
徐亮	徐崇统	徐宏图	徐莱萍	徐伟俊
徐伊霓	徐玉福	徐宗帅	许蒙爱	许晓锋
薛宇	杨冰杰	杨济为	杨瑞津	杨思好
杨一樵	杨玉玺	杨志华	叶依雨	叶建
叶众	叶超莹	叶定强	叶丽雅	叶秋萍
叶特利	叶仲伟	易永谊	游修龄	余璞
俞詠	虞海泽	虞争鸣	袁权	臧杰
张超	张瀚	张泓	张乐	张烈
张泠	张迈	张仁	张索	张涨

张抱一	张炳勋	张海登	张金成	张声和
张思聪	张维方	张小燕	张小宇	张正虎
张志宏	章方松	章苏凤	章亦倩	赵 靖
赵爱月	郑 勇	郑金财	郑清龙	郑胜武
郑小同	郑于飞	郑展鹏	郑祖欣	周 洁
周 实	周 围	周邦杰	周保罗	周亨利
周吉敏	周履锵	周星槎	周志跃	周仲亚
朱华夏	朱丽华	朱文信	朱闻武	卓 永

图书在版编目（CIP）数据

　　瓯风 . 第十四集 / 方韶毅主编 . -- 上海：文汇出
版社，2017.10
　　ISBN 978-7-5496-2136-1

　　I. ①瓯… II. ①方… III. ①文史资料 – 温州 – 文集
IV. ① K295.53-53

　　中国版本图书馆 CIP 数据核字（2017）第 235761 号

瓯风
第十四集

主　　编　方韶毅
责任编辑　苏　菲
装帧设计　何天健
排版制作　胡文胜

出版发行　 **文汇**出版社
　　　　　上海市威海路 755 号（邮政编码 200041）

经　　销　全国新华书店
印刷装订　温州北大方印务有限公司
版　　次　2017 年 11 月第 1 版
印　　次　2017 年 11 月第 1 次印刷
开　　本　787×1092 1/16
字　　数　125 千字
印　　张　12.75

书　　号　ISBN 978-7-5496-2136-1
定　　价　35.00 元